SPRACHSCHÄTZE

Essen & Trinken

Duden

SPRACH-
Essen & Trinken
SCHÄTZE

DIE VERBORGENE HERKUNFT
UNSERER WÖRTER

Dudenverlag
Berlin

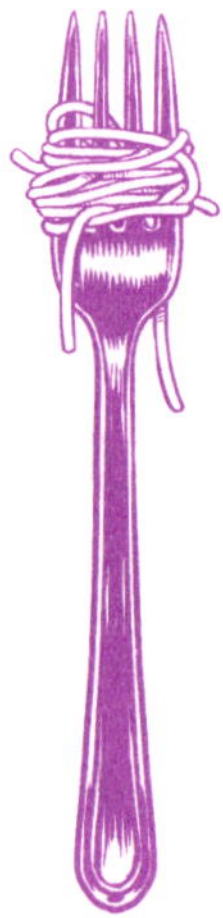

Vorwort

Wie ein versunkener Schatz enthält die deutsche Sprache verborgene Inhalte, die es zu heben lohnt. Denn wenn man die einzelnen Wörter genauer betrachtet, kommt oft überraschendes Wissen zum Vorschein. So erzählen die ursprünglichen Bedeutungen unserer Wörter viel über die Lebensweise und das Denken der Menschen vor unserer Zeit.

Zudem zeigt sich, dass die deutsche Sprache in enger Verbindung mit vielen anderen Sprachen steht, die um uns herum gesprochen werden. Einzelne Wörter haben Verwandtschaft zum Niederländischen, Englischen, Schwedischen und sogar Indischen. Sie sind beeinflusst vom Lateinischen, Griechischen, Italienischen und Französischen.

Spannend ist auch, auf welche Art die Wörter ins Deutsche gekommen sind. Viele unserer Wörter sind sogenannte Lehnwörter, die wir aus anderen Sprachen übernommen und so stark an das Deutsche angepasst haben, dass wir sie nicht mehr als fremde Wörter erkennen (zum Beispiel *Mauer* von lateinisch *murus*). Geradezu drollig ist die Entstehung volksetymologischer Wörter, die bei der Übernahme in unsere Sprache nicht richtig verstanden worden sind – und dann an ein ähnlich klingendes deutsches Wort (das aber eine ganz andere Bedeutung hat) angelehnt wurden; so hat der *Rosenmontag* nichts mit Blumen zu tun, aber sehr wohl mit *rasen* bzw. *toben, tollen, ausgelassen sein*. Bei lautmalenden Wörtern wurde versucht, ein natürliches Geräusch durch Sprache zu imitieren (typisches Beispiel ist der *Kuckuck*).

Es gibt also viel zu entdecken. Lassen Sie sich überraschen!
Ihre Dudenredaktion

Alkohol

»Weingeist, Spiritus«: Das seit dem 16. Jahrhundert bezeugte Lehnwort entstammt der Sprache der Alchimisten. Es erscheint dort zunächst mit der eigentlichen Bedeutung »feines, trockenes Pulver«, in der es dann über entsprechend spanisch *alcohol* aus arabisch (mit Artikel) *al-kuḥl* »Antimon; daraus bereitete Salbe zum Schwarzfärben der Augenlider« entlehnt wurde. Die Alchimisten verwendeten das Wort bereits im gleichen Jahrhundert in der übertragenen Bedeutung »Weingeist« *(alcohol vini)*. Sie bezieht sich auf die besonders feine Stofflichkeit und hohe Flüchtigkeit des Alkohols.

Ananas

Die bereits seit dem 16. Jahrhundert bezeugte Bezeichnung der in den amerikanischen Tropen beheimateten Südfrucht ist aus portugiesisch *ananás* entlehnt. Dem Wort liegt wahrscheinlich das gleichbedeutende *naná* der südamerikanischen Indianersprache Guaraní zugrunde.

Anis

Die Bezeichnung der am östlichen Mittelmeer beheimateten Gewürz- und Heilpflanze (mittelhochdeutsch *anīs*) führt über lateinisch *anīsum* (Nebenform von lateinisch *anesum*) auf griechisch *ánēs(s)on, ánēthon* »Anis, Dill« zurück. Die weitere Herkunft des Wortes ist unklar, vielleicht aus dem Ägyptischen.

Aperitif

Die Bezeichnung für ein appetitanregendes alkoholisches Getränk wurde in dieser Bedeutung am Ende des 19. Jahrhunderts aus dem Französischen übernommen. Französisch *apéritif* ist ursprünglich ein Adjektiv mit der Bedeutung »öffnend«; das Substantiv ist demnach eigentlich etwa als »Magenöffner« zu verstehen. Seit dem 16. Jahrhundert wird es bei PARACELSUS als medizinischer Fachbegriff verwendet. Dem französischen Wort liegt das mittellateinische Adjektiv *aperitivus* »öffnend« zugrunde, das von lateinisch *aperire* »öffnen« abgeleitet ist.

Apfel

Das gemeingermanische Substantiv mittelhochdeutsch *apfel*, althochdeutsch *apful*, krimgotisch *apel*, englisch *apple*, schwedisch *äpple* ist mit der keltischen Wortfamilie um altirisch *ubull* »Apfel« und mit der baltoslawischen um russisch *jabloko* »Apfel« verwandt; vergleiche dazu auch den lateinischen Namen der kampanischen Stadt Abella, die wohl nach ihrer Apfelzucht benannt ist. Welche Vorstellung dieser den Germanen, Kelten, Balten und Slawen gemeinsamen Benennung der Frucht des Apfelbaums zugrunde liegt, ist nicht geklärt. ♦ Das gemeingermanische Wort bezeichnete ursprünglich vermutlich den Holzapfel. Als die Germanen durch den römischen Obstanbau veredelte Apfelsorten kennenlernten, übertrugen sie die

Bezeichnung für den wild wachsenden Apfel auf die veredelte Frucht, während sie sonst die lateinischen Namen der Früchte von den Römern übernahmen *(Birne, Kirsche, Pflaume)*.

Apfel ¶ für einen Apfel/Appel und ein Ei (umgangssprachlich) »spottbillig, fast umsonst« ♦ Die Wendung erklärt sich wohl daraus, dass – in normalen Zeiten – auf jedem Bauernhof Äpfel und Eier reichlich vorhanden sind und keinen großen Wert darstellen. Man kann einen Apfel/Appel (niederdeutsche Form von Apfel) und ein Ei – wie auch ein Butterbrot – ruhig abgeben, ohne dadurch arm zu werden.

Apfelsine

Die Frucht wurde um 1500 von den Portugiesen aus Südchina eingeführt. Nach Norddeutschland gelangte sie um 1700 über die Nordseehäfen Amsterdam und Hamburg. Die Bezeichnung beruht auf älter niederländisch *appelsina* (noch mundartlich, im heutigen Niederländischen gilt *sinaasappel*), niederdeutsch *Appelsina*, was wörtlich so viel bedeutet wie »Apfel von China«. (*Sina* ist die alte Form des Ländernamens *China*.) Im 18. Jahrhundert hieß die Zitrusfrucht deshalb bei uns auch *Chinaapfel*. ☞ Orange kam aus Italien nach Deutschland.

Appetit

Das Wort bedeutet »Esslust, Hunger; Verlangen« und ist eine Entlehnung des 15. Jahrhundert aus lateinisch *appetitus (cibi)* »Verlangen (nach Speise)«. Zugrunde liegt das Verb lateinisch *ap-petere* »nach etwas hinlangen; verlangen, begehren«, eine Bildung zu *petere* »zu erreichen suchen; begehren, verlangen«.

Aprikose

Die seit dem 17. Jahrhundert bei uns bekannte Steinfrucht trägt im Grunde einen lateinischen Namen, dessen ursprüngliche Gestalt auf den verschlungenen Pfaden seiner Entlehnung verstümmelt wurde. Zu dem unter ☞kochen behandelten lateinischen Verb *coquere* »kochen; zur Reife bringen« gehört ein Adjektiv *praecoquus* »vorzeitig Früchte tragend«, das in der Verbindung vulgärlateinisch *(persica) praecocia* einen »frühreifen Pfirsich« bezeichnete. Wort und Sache gelangten durch griechische Vermittlung (spätgriechisch *praikókkion)* ins Persische und Arabische (arabisch [mit Artikel] *al-barqūq* »die Pflaume«) und von dort mit den Mauren nach Spanien (spanisch *albaricoque*) und Westeuropa. Den deutschen Sprachraum erreichte das Wort über Frankreich (französisch *abricot*) und die Niederlande (niederländisch *abrikoos*).

Aquavit

Das Wort kam im 16. Jahrhundert in der Apothekersprache als gelehrte Bezeichnung für zu Heilzwecken verwendeten Äthylalkohol auf; seit dem 17. Jahrhundert auch in der allgemeinen Bedeutung »Branntwein«. Es beruht auf lateinisch *aqua vitae* und bedeutet demnach eigentlich »Lebenswasser« (im Französischen entspricht *eau-de-vie*). Heute versteht man allgemein unter *Aquavit* einen bestimmten, charakteristisch gewürzten Trinkbranntwein.

Aroma

»Wohlgeruch, -geschmack«: Das Wort wurde im 17. Jahrhundert aus griechisch-lateinisch *árōma* »Gewürz« entlehnt. Die weitere Herkunft ist nicht sicher geklärt. ♦ Die Bedeutungsentwicklung zu »Wohlgeruch« vollzog sich zuerst im abgeleiteten Adjektiv

aromatisch »würzig, wohlriechend«. Dies wurde bereits zu Binn des 16. Jahrhunderts aus lateinisch *aromaticus* ◂ griechisch *arōmatikós* übernommen.

Arrak

Die seit dem 17. Jahrhundert zuerst in Norddeutschland mit dem Ostindienhandel bekannt gewordene Bezeichnung für »Branntwein aus gegorenem Reis« führt über gleichbedeutend französisch *arak (arac)* zurück auf arabisch *'araq* »eine Art starken Branntweins« (eigentlich »Schweiß«). Das arabische Wort bezeichnet ein aus Ostindien bekanntes, aus gegorenem Reis, Zucker und Kokosnüssen hergestelltes alkoholisches Getränk. Im Arabischen ist daher ein älteres morgenländisches Wort vielleicht nur umgedeutet worden. Arrak gilt als eine der ältesten Spirituosen der Welt.

Auster

Das Substantiv ist im frühen 9. Jahrhundert in althochdeutsch *aostorscala* »Austernschale« bezeugt, das aus lateinisch *ostreum* »Muschel, Auster« entlehnt ist. Das Wort wurde im 16. Jahrhundert als frühneuhochdeutsch *ūster* ein zweites Mal aus mittelniederländisch *oester* entlehnt. Das niederländische Wort selbst führt wie entsprechend altfranzösisch *oistre* ▸ französisch *huître* (aus dem Altfranzösischen stammt englisch *oyster*) über romanisch *ostrea* ebenfalls auf lateinisch *ostreum* zurück. Verwandt ist gleichbedeutendes griechisch *óstreon*, das zum Stamm von griechisch *ostéon* »Knochen, Bein«, griechisch *óstrakon* »harte Schale; Scherbe« (es besteht ein Zusammenhang mit *Estrich*) gehört. Die Auster ist demnach nach ihrer hartknochigen Schale benannt.

Avocado

Das Substantiv bezeichnet die »birnenförmige, essbare Frucht eines südamerikanischen Baumes« und wurde erst im 20. Jahrhundert aus dem älteren spanischen *avocado* entlehnt. Dabei handelt es sich um eine volksetymologische Umdeutung von *ahuacatl* (auch »Hoden«), einem Wort aus dem Nahuatl, einer mittelamerikanischen Indianersprache.

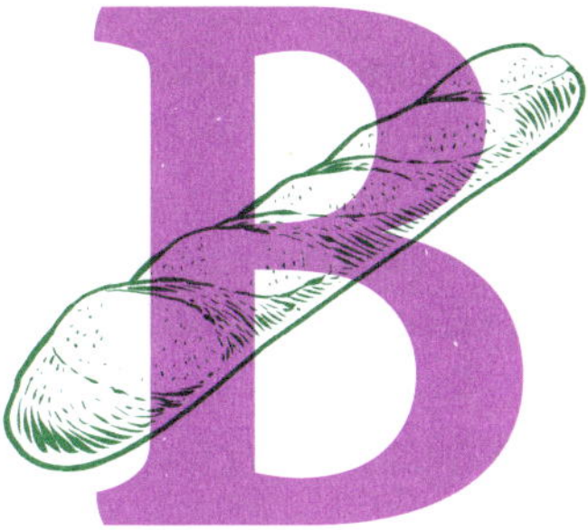

backen

Das gemeingermanische Verb mittelhochdeutsch *bachen*, althochdeutsch *bahhan, backan*, niederländisch *bakken*, englisch *to bake* ist verwandt mit griechisch *phōgein* »rösten, braten«. Das älteste Backen (☞ Brot) war ein Rösten. ♦ Zusammensetzungen: **Backfisch** (junger, nur zum Backen geeigneter Fisch; seit dem 16. Jahrhundert zeitweise der junge Student [in Anlehnung an neulateinisch *baccalaureus* »Gelehrter des untersten Grades«], besonders aber das halbwüchsige Mädchen); **hausbacken** »für den häuslichen Bedarf zu Hause gebacken« (16. Jahrhundert); auch für: »bieder, schwunglos« (19. Jahrhundert).

Baguette

»französisches Stangenweißbrot«: Das Wort ist aus französisch *baguette* entlehnt, das eigentlich »Stange, Leiste« bedeutet. Dieses wurde aus italienisch *bacchetta* »Stock, Stab« übernommen, einer Verkleinerungsbildung zu italienisch *bacchio* »Stab«, das zu gleichbedeutend lateinisch *baculum* gehört.

Banane

Das Wort bezeichnet eine tropische Südfrucht und entstammt der Sprache der Ureinwohner des ehemaligen Portugiesisch-Guineas in Westafrika. Es wurde durch die Portugiesen (portugiesisch *banana*) den anderen Europäern vermittelt. ♦ Dazu **Bananenrepublik** als abwertende Bezeichnung für »kleines Land in den tropischen Gebieten Amerikas, das besonders vom Bananenexport lebt« (Mitte des 20. Jahrhunderts, Lehnübersetzung von englisch *banana republic*).

Barsch

Die westgermanische Fischbezeichnung mittelhochdeutsch, althochdeutsch *bars*, niederländisch *baars*, englisch *barse* gehört mit verwandten Wörtern in anderen indogermanischen Sprachen zu der vielfach weitergebildeten und erweiterten indogermanischen Wurzel **bhar-* »Spitze, Stachel, Borste, starr Emporstehendes«. Der Fisch ist also nach seinen auffallend stachligen Flossen benannt. Zu dieser indogermanischen Wurzel gehören auch die Wortfamilien von *Borste* und *Bürste* und wahrscheinlich das Wort *Bart*, ferner aus dem germanischen Sprachraum das Adjektiv *barsch*, vergleiche dazu altisländisch *barr* »rau, scharf« und althochdeutsch *barrēnti* »eigensinnig, starr aufgerichtet«.

Beere

Mittelhochdeutsch *ber*, althochdeutsch *beri*, englisch *berry*, schwedisch *bär* zeigen r-Formen, die zu s-Formen wie gotisch *weina-basi* »Weinbeere«, niederländisch *bes* »Beere«, niederdeutsch mundartlich *Besing* »Heidelbeere« in grammatischem Wechsel stehen. Diese germanischen Wörter für »Beere« gehören wohl zu altenglisch *basu* »purpurn«, das mit allerdings schlecht bezeugtem mittelirischem *basc* »rot« verwandt sein kann. Demnach wäre die Beere als »die Rote« benannt worden.

Bemme

Die Herkunft des ostmitteldeutschen Wortes für »bestrichene (belegte) Brotscheibe« (frühneuhochdeutsch *[butter]bamme, [butter]pomme*) ist ungeklärt. Wahrscheinlich handelt es sich um eine Entlehnung aus sorbisch *pomazka* »Butterschnitte« (zu sorbisch *pomazać* »beschmieren, bestreichen«) und wurde zunächst als *Bemmchen* verdeutscht.

Bier

Die Herkunft des westgermanischen Wortes mittelhochdeutsch *bier,* althochdeutsch *bior,* niederländisch *bier,* englisch *beer* ist unsicher. Möglicherweise handelt es sich um ein Lehnwort, das zur Wortfamilie um lateinisch *bibere* »trinken« gehört. Unser heutiges mit Hopfen gebrautes Bier wurde um 600 zuerst in den Klöstern hergestellt und hat das ungehopfte germanische Bier (englisch *ale*) verdrängt. Mit der neuen Brauweise kann auch das neue Wort aufgekommen sein. Aus dem Deutschen stammt italienisch *birra,* aus dem Niederländischen ist französisch *bière* entlehnt.

Bier ¶ das ist (nicht) mein Bier
(umgangssprachlich) »das ist (nicht) meine Angelegenheit« ♦ *Bier* ist in dieser Wendung eine volksetymologische Umgestaltung einer Mundartform von *Birne,* vergleiche kölnisch *dat sönd ding Beäre net* (»das geht dich nichts an«).

bitter

Das gemeingermanische Adjektiv mittelhochdeutsch *bitter*, althochdeutsch *bittar*, niederländisch *bitter*, englisch *bitter*, schwedisch *bitter* steht im Ablaut zu gotisch *baitrs* »bitter« und gehört mit diesem zu der Wortgruppe um *beißen*. Die Adjektivbildung bedeutete demnach ursprünglich »beißend, scharf (vom Geschmack)«. ♦ Ableitungen: **Bitterkeit** (mittelhochdeutsch *bitterkeit*); **bitterlich** (mittelhochdeutsch *bitterlich*); **erbittern** (mittelhochdeutsch *erbittern* als Ersatz für einfaches mittelhochdeutsch *bittern* »bitter sein; bitter machen«, nur übertragen gebraucht als »mit Groll erfüllen, in Zorn versetzen«), dazu **Erbitterung** (17. Jahrhundert, als vorübergehender Gemütszustand).

Bohne

Die Herkunft der gemeingermanischen Pflanzenbezeichnung mittelhochdeutsch *bōne*, althochdeutsch *bōna*, niederländisch *boon*, englisch *bean*, schwedisch *böna* ist nicht sicher geklärt. Vermutlich gehört sie zu der indogermanischen Wurzel von *Beule* **bh(e)u-* »(auf)blasen, schwellen«; es kann sich auch um eine Entlehnung aus einer nicht indogermanischen Sprache handeln. Das Wort meinte bis zum 16. Jahrhundert die dicke Bohne (Puff-, Saubohne), die also nach dem äußeren Eindruck der Aufgeblasenheit, Geschwollenheit bezeichnet sein könnte. Die Gartenbohne (grüne Bohne) kam erst im 16. Jahrhundert aus Amerika zu uns.

Bonbon

»Süßigkeit, Zuckerzeug«: Das Wort wurde im 18. Jahrhundert aus französisch *bonbon* entlehnt, einer der Kindersprache entstammenden Wiederholungsform von *bon* »gut« .

Bouillon

»Fleischbrühe«: Das Wort wurde im 18. Jahrhundert aus französisch *bouillon* entlehnt. Das zugrunde liegende Verb französisch *bouillir* »wallen, sieden« geht auf gleichbedeutendes lateinisch *bullire* (eigentlich »Blasen werfen«) zurück, das seinerseits von lateinisch *bulla* »Blase« abgeleitet ist.

brauen

Mittelhochdeutsch *briuwen, brūwen,* althochdeutsch *briuwan, brūwan,* niederländisch *brouwen,* englisch *to brew,* schwedisch *brygga* »brauen« sind germanische Verbbildungen zu der indogermanischen Wurzelform **bher(ə)-* »aufwallen«, die vielfach in Bezeichnungen des Gärens und gegorener Speisen und von Getränken erscheint. Vergleiche zum Beispiel die unter ☞ Brot genannten germanischen Wörter (es besteht auch ein Zusammenhang zu *brodeln*). Da zum Bierbrauen würzende Zutaten (besonders Hopfen) gehören, wird das Verb *brauen* schon in mittelhochdeutscher Zeit auch auf die Herstellung anderer Getränke übertragen (heute umgangssprachlich zum Beispiel bei Punsch, Kaffee, Arzneien).

Brezel

Mittelhochdeutsch *prēzel, prēzile, brēzel,* althochdeutsch *brezzila, brezzitel(la)* gehen vermutlich auf eine Verkleinerungsbildung zu lateinisch *bracchium* »(Unter)arm« zurück, dessen romanische Folgeform etwa in italienisch *bracciatello* »Brezel« fassbar wird. Diese Herleitung wird vom Sachlichen her durch die Form der Brezel gestützt, die an verschlungene Arme erinnert. ♦ Lateinisch *bracchium,* das auch den Lehnwörtern *Bratsche* und *Brachialgewalt* zugrunde liegt, ist seinerseits aus griechisch *brachíōn* »(Ober)arm« entlehnt.

Bries, Briesel, Brieschen

»Brustdrüse (Thymus) des Kalbes; Gericht aus Kalbsbries«: Das erst neuhochdeutsch bezeugte Substantiv, mit dem gleichbedeutend norwegisch *bris*, dänisch *brissel*, schwedisch *(kalv) bräss* zu vergleichen sind, ist vermutlich mit *Brosame* (eigentlich »Zerriebenes, Zerbröckeltes«) verwandt und nach dem bröseligen Aussehen benannt. Die markartige, als Kinder- und Krankenkost beliebte Drüse bröselt beim Backen.

Broiler

Das vorwiegend im Ostmitteldeutschen verwendete Wort für »Hähnchen zum Grillen« ist eine Entlehnung aus gleichbedeutend englisch *broiler*, einer Ableitung des Verbs *to broil* »braten«, das wahrscheinlich auf französisch *brûler* »brennen, rösten« zurückgeht. Möglicherweise sind Wort und Sache von Bulgarien aus nach Ostdeutschland gelangt.

Brot

Das gemeingermanische Wort mittelhochdeutsch *brōt*, althochdeutsch *prōt*, niederländisch *brood*, englisch *bread*, schwedisch *bröd* bezeichnete zuerst nur die durch ein Treibmittel (Sauerteig, Hefe) aufgelockerte Form des Nahrungsmittels »Brot«, wie sie in Europa seit der Eisenzeit bekannt ist. Germanisch **brauđa-* »Brot« gehört wohl zu der unter ☞ brauen behandelten indogermanischen Wortgruppe und ist eng verwandt mit althochdeutsch *brod* »Brühe« und englisch *broth* »Brühe« (brodeln). Es bedeutet demnach eigentlich »Gegorenes« und bezog sich ursprünglich wohl auf den durch die warme Sauerteiggärung getriebenen Teig. Schon im Althochdeutschen wurde aber die Bezeichnung *Brot* auch auf die ältere (bereits jungsteinzeitliche) Form der Brotnahrung übertragen, auf den festen

Fladen aus ungesäuertem Teig. Für ihn hatte ursprünglich das gemeingermanische Wort *Laib* gegolten, das dann von *Brot* zurückgedrängt wurde.

Buddel, Buttel

(umgangssprachlich für:) »Flasche«: Mit dem Import von Flaschenweinen aus Frankreich erreichte uns im 17./18. Jahrhundert französisch *bouteille* »Flasche«, das sich einerseits im Substantiv *Bouteille* bis heute unverändert gehalten, andererseits eine niederdeutsche Form *buddel* entwickelt hat. Das französische Wort, dem englisch *bottle* zugrunde liegt, geht auf spätlateinisch *but(t)icula* »Fässchen«, die Verkleinerungsform von vulgärlateinisch *buttis* »Fass«, zurück.

Bukett

»(Blumen)strauß«, auch übertragen gebraucht im Sinne von »Blume, Duft des Weines«: Das Substantiv wurde Mitte des 17. Jahrhunderts aus französisch *bouquet* entlehnt, einer Mundartform von altfranzösisch *boschet* »Wäldchen«. Das französische Wort bedeutet demnach etwa »Strauß von Bäumen«. Altfranzösisch *boschet* ist eine Verkleinerungsbildung zu französisch *bois* »Holz, Wald«, das seinerseits wohl auf westgermanisch **bosk* – zur Wortgruppe von neuhochdeutsch *Busch* – zurückgeht.

Butler

Die Berufsbezeichnung für »Diener in vornehmen Häusern« ist in der deutschen Sprache seit dem 19. Jahrhundert belegt. Die in englischen (Adels)häusern neben der Tätigkeit als Diener auch übliche Verantwortung des Butlers für den Weinkeller verlieh diesem Amt seine Bezeichnung: Englisch *butler* geht über altfranzösisch *bouteillier* zurück auf mittellateinisch *buticularius* »Kellermeister«, einer Bildung zu *but(t)icula* »Krug, Fässchen«.

Butt

»Flunder, Scholle«: Die Fischbezeichnung wurde bereits im 16. Jahrhundert aus dem Niederdeutschen ins Hochdeutsche übernommen. Niederdeutsch *butt*, mittelniederdeutsch *būt(te)*, niederländisch *bot* gehören zu dem Adjektiv niederdeutsch *butt*, niederländisch *bot* »stumpf, plump«. Der Fisch ist somit nach seiner plumpen Gestalt benannt. ♦ Zusammensetzungen: **Heilbutt** (18. Jahrhundert, aus niederdeutsch *hell-*, *hilligbutt*, entsprechend niederländisch *heilbot*, englisch *halibut*; eigentlich der »heilige Butt« für Festtage); **Steinbutt** (18. Jahrhundert, aus niederdeutsch *steenbutt*; benannt nach den früher als eingewachsene Steine gedeuteten kleinen Knochenhöckern in der Haut).

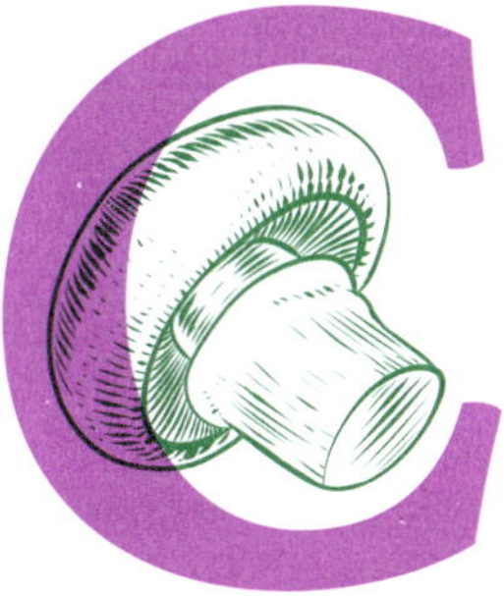

Cappuccino

Das Wort für »☞ Espresso mit heißem Milchschaum«, wörtlich »Kapuziner«, wird mit der Sache in der 2. Hälfte des 20. Jahrhunderts aus italienisch *cappuccino* ins Deutsche übernommen. Es ist eine Diminutivbildung zu italienisch *cappuccio* »Kapuze«. Die Bezeichnung für diese Zubereitungsart des Kaffees ist auf die Farbe der Kutte der Kapuzinermönche zurückführbar.

Champagner

Die Bezeichnung *Champagne-Wein* für einen »Schaumwein aus Weinen der Champagne« wurde im 18. Jahrhundert nach französisch *(vin de) Champagne* gebildet; Champagne, der Name der nordfranzösischen Landschaft, geht zurück auf lateinisch *campania* »flaches Feld« (zu lateinisch *campus* »Feld«).

Champignon

Die bereits seit dem 17. Jahrhundert bezeugte Bezeichnung für den Edelpilz stammt aus französisch *champignon*. Dies ist mit

Suffixwechsel aus altfranzösisch *champegnuel* (vulgärlateinisch **campaniolus*) umgestaltet und bedeutet eigentlich »den auf dem freien Felde Wachsenden (Pilz)«. Die vulgärlateinische Bildung gehört zu lateinisch *campania* »flaches Feld« (zu lateinisch *campus* »Feld«).

Cocktail

Die Bezeichnung für ein »alkoholisches Mixgetränk« wurde in der 2. Hälfte des 19. Jahrhunderts aus gleichbedeutend englisch-amerikanisch *cocktail* entlehnt. Dies bedeutet wörtlich übersetzt »Hahnenschwanz« und könnte auf *cocktailed horses* zurückgehen, Pferde mit gestutzten, hochgebundenen Schwänzen, die nicht reinrassig, also »gemischt« sind.

Curry

Die Bezeichnung dieser Gewürzmischung (in Pulverform) ist im 19. Jahrhundert aus angloindisch *curry* entlehnt. Dies bezeichnete anfangs eine mit verschiedenen scharfen Gewürzen gekochte Speise, dann auch eine Zusammenstellung solcher Gewürze überhaupt. Voraus liegt tamilisch *kari* »Tunke«.

Dessert

Der Ausdruck für »Nachtisch« wurde Mitte des 17. Jahrhunderts aus französisch *dessert, desserte* entlehnt. Das französische Wort gehört zu *desservir* »die Speisen abtragen«, einer Gegenbildung zu *servir* »dienen, aufwarten, servieren« (vergleiche dazu auch ☞ servieren). Der Nachtisch folgt der abgeschlossenen Hauptmahlzeit erst dann, wenn die Speisen abgetragen sind.

Diät

Das Wort bezeichnet die »auf die Bedürfnisse eines Kranken, Übergewichtigen abgestimmte Ernährungsweise; Schonkost« und wurde im frühen 13. Jahrhundert als medizinischer Terminus aus lateinisch *diaeta* »geregelte Lebensweise« entlehnt. Dies geht auf griechisch *díaita* (etwa »[Lebens]einteilung«) zurück.

Diner

»Mittagessen, Festmahl«: Das Wort wurde im 18. Jahrhundert aus dem Verb französisch *dîner* (altfranzösisch *disner*) entlehnt und bedeutete anfangs allgemein »eine Hauptmahlzeit zu sich nehmen«. Da aber die Hauptmahlzeit des Tages regional unterschiedlich eingenommen wird, kann *dîner* bald »Mittagessen«, bald »Abendessen« bedeuten. Während sich im Deutschen für *Diner* die Bedeutung »Mittagsmahl« eingebürgert hat, bezeichnet die Anfang des 19. Jahrhunderts übernommene, gleichfalls auf altfranzösisch *disner* zurückgehende englische Entlehnung *Dinner* die zur »Abendzeit eingenommene Hauptmahlzeit«. Dem Wort französisch *disner* liegt vulgärlateinisch **disieiunare* »zu fasten aufhören« voraus, das zu lateinisch *dis* und *ieiunus* »nüchtern, hungrig« gehört.

Dotter

»Eigelb«: Das westgermanische Wort mittelhochdeutsch *toter*, althochdeutsch *totoro*, niederländisch *dooier*, (anders gebildet:) altenglisch *dydring* wird weitgehend mit norwegisch mundartlich *dudra* »zittern« zu der indogermanischen Wortgruppe um *Dunst* gestellt. Das Eigelb wäre dann nach seiner gallertartigen Beschaffenheit bezeichnet. Möglich ist aber auch der Anschluss an das Farbadjektiv tocharisch B *tute* »gelb«.

Durst

Das gemeingermanische Substantiv mittelhochdeutsch, althochdeutsch *durst*, gotisch *þaúrstei*, englisch *thirst*, schwedisch *törst* gehört zu der Wortgruppe um *dürr* und bedeutete demnach ursprünglich »Trockenheit (in der Kehle)«. Es steht neben dem gemeingermanischen Verb **dürsten** (mittelhochdeutsch *dürsten, dursten*, althochdeutsch *dursten*, niederländisch *dorsten*, englisch *to thirst*, schwedisch *törsta*).

Ei

Das gemeingermanische Substantiv mittelhochdeutsch, althochdeutsch *ei*, krimgotisch *ada*, altenglisch *ǣg*, schwedisch *ägg* geht mit verwandten Wörtern in anderen indogermanischen Sprachen zurück auf indogermanisch **ō(u̯)i̯-om* »Ei«, vergleiche zum Beispiel griechisch *ōión* »Ei« und lateinisch *ovum* »Ei« (vergleiche *oval*). Dieses indogermanische Wort ist eine Bildung zu indogermanisch **əu̯ei-* »Vogel« – vergleiche zum Beispiel lateinisch *avis* »Vogel« – und bedeutete demnach ursprünglich »das zum Vogel Gehörige«. Vom Vogelei her ist das Wort früh auf die Eier anderer Tiere (Reptilien, Insekten usw.) und in der Biologie schließlich auf die weibliche Keimzelle von Mensch, Tier und Pflanze übertragen worden.

Eisbein

Die norddeutsche Bezeichnung des Gerichts, das süddeutsch als Schweinsfüße oder Schweinshaxen, pfälzisch Eisknochen bezeichnet wird, meint das Schienbein des Schweines mit den ansitzenden Fleischteilen. Dies ist ein altes Fachwort der Jäger und Ärzte und ist aus lateinisch *ischia* »Hüftgelenk« entlehnt. Aus den gespaltenen Röhrenknochen großer Schlachttiere wurden in germanischer Zeit (in Skandinavien bis in die Neuzeit) Knochenschlittschuhe hergestellt. Mundartliche Bezeichnungen sind zum Beispiel schwedisch *isläggor* (Plural), norwegisch *islegg* (zu *lägg, legg,* altisländisch *leggr* »Bein, Knochenröhre«).

Endivie

Die Bezeichnung der im Mittelmeerraum beheimateten Salatpflanze (frühneuhochdeutsch *enduvie,* mittelniederdeutsch *endivie*) ist durch romanische Vermittlung (italienisch *endivia,* französisch *endive*) entlehnt aus lateinisch *intubus (intubum)* bzw. aus spätlateinisch *intiba*. Letzte Quelle ist ägyptisch *tōbi* »Januar«, woraus griechisch *tybí* »Januar« geworden ist. Das davon abgeleitete Wort griechisch *entýbion (éntybon),* das die Pflanzenbezeichnung den europäischen Sprachen vermittelte, bedeutet demnach eigentlich »im Januar wachsende Pflanze«.

Espresso

»starker, schnell zubereiteter Kaffee«: Der Terminus wurde im 20. Jahrhundert aus italienisch *(caffè) espresso* »Schnellkaffee« entlehnt. Italienisch *espresso* bedeutet wörtlich »ausgedrückt«; es geht zurück auf lateinisch *expressus*, das Partizip Präteritum von lateinisch *exprimere* zu lateinisch *primere* »drücken« und lateinisch ex-.

essen

Das gemeingermanische Verb mittelhochdeutsch *eȥȥen,* althochdeutsch *eȥȥan,* englisch *to eat,* schwedisch *äta* beruht mit verwandten Wörtern in anderen indogermanischen Sprachen auf der indogermanischen Wurzel **ed-* »kauen, essen«, vergleiche dazu lateinisch *edere* »essen«, griechisch *édmenai* »essen« und litauisch *ésti* »essen«. Zu dieser Wurzel gehört auch das Wort *Zahn* (eigentlich »der Kauende«).

Essig

Der Weinessig kam schon früh mit der römischen Weinkultur zu den Germanen. Lateinisch *acetum* »Essig«, das mit lateinisch *acer* »scharf« zu der Wortgruppe um *Ecke* gehört, ergab gotisch *akeit*, altsächsisch *ēkid*, altenglisch *ēced* »Essig«.

Essig ¶ mit etwas ist (es) Essig
(umgangssprachlich) »etwas kommt nicht zustande«
♦ Die Wendung bezieht sich darauf, dass Wein, der zu Essig versäuert, nicht mehr genießbar ist und weggeschüttet werden kann.

—‹‹‹ ‡ ›››—

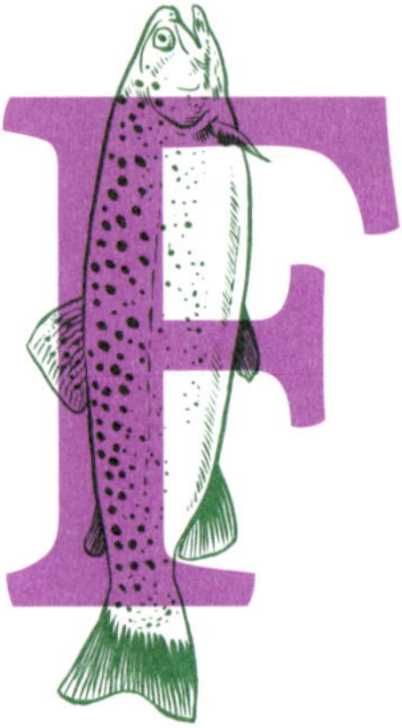

fasten

Das gemeingermanische Verb mittelhochdeutsch *vasten*, althochdeutsch *fastēn*, gotisch *(ga)fastan*, englisch *to fast*, schwedisch *fasta* ist wahrscheinlich abgeleitet von dem Adjektiv *fest* und bedeutete im Gotischen zunächst »(fest)halten, bewachen, beobachten«. Vermutlich ist der wichtige christliche Begriff der Enthaltsamkeit zuerst von der ostgotischen Kirche in dieses Wort gelegt worden (anfangs im Sinne von »an den [Fasten]geboten festhalten«) und hat sich von da im 5. Jahrhundert zu den anderen germanischen Stämmen und den Slawen (altslawisch *postiti* »fasten«) ausgebreitet.

Filet

»Lendenstück« (von Schlachtvieh und Wild); »Rückenstück« (bei Fischen): Das Substantiv wurde im 18. Jahrhundert aus gleichbedeutend französisch *filet* entlehnt, das von französisch *fil* »Faden« abgeleitet ist und demnach eigentlich »Netz« bedeutet. Der Grund für die Bedeutungsübertragung ist unklar.

Man vermutet ihn in der Tatsache, dass Lendenstücke dieser Art zuweilen zusammengerollt und mit einem Netz zusammengebunden geliefert wurden. Französisch *fil* geht auf lateinisch *filum* »Faden« zurück.

flambieren

»mit Alkohol übergießen und anzünden«: Das Verb wurde im 19. Jahrhundert aus französisch *flamber,* einer Ableitung von französisch *flambe* »Flamme«, entlehnt und bedeutete ursprünglich allgemein »absengen«. Zugrunde liegt lateinisch *flamma* (Flamme).

Flasche

Das gemeingermanische Wort mittelhochdeutsch *vlasche,* althochdeutsch *flaska,* älter niederländisch *flesch,* englisch *flask,* schwedisch *flaska* kann im Sinne von »flaches Gefäß« zu der unter *flach* oder aber im Sinne von »umflochtenes Gefäß« zu der unter *flechten* dargestellten indogermanischen Wortfamilie gehören. Die früher aus Holz, Ton, Zinn oder Blech hergestellten Flaschen waren zum Schutz und besseren Transport mit einem Geflecht umgeben. Das germanische Wort wurde früh in andere Sprachen entlehnt, zum Beispiel spätlateinisch *flasco, flasca* (*Fiasko, Flakon*) und serbisch *ploska.* Die umgangssprachliche (ursprünglich norddeutsche) Bezeichnung des Dummkopfs und Versagers (besonders im Sport) als *Flasche* geht auf die Vorstellung der leeren Flasche zurück (*Fiasko*).

Fleisch

In den westgermanischen Sprachen bezeichnet mittelhochdeutsch *vleisch,* althochdeutsch *fleisc,* niederländisch *vlees,* englisch *flesh* menschliches und tierisches Fleisch allgemein, während altisländisch *flesk(i)*, schwedisch *fläsk* nur »Schweinefleisch, Speck« bedeutet. Außergermanische Beziehungen des Wortes sind nicht gesichert. Zu dem abgeleiteten, heute veralteten Verb **fleischen** (mittelhochdeutsch *vleischen* »das Fleisch von der Haut ablösen; mit Fleisch überziehen, zerfleischen«) gehören **zerfleischen** (»verwunden, zerfetzen«; 16. Jahrhundert; schon althochdeutsch *zufleiscōn*) und **eingefleischt** (16. Jahrhundert; Lehnübersetzung von lateinisch *incarnatus* »Mensch geworden«, schon mittelhochdeutsch *īnvleischunge* für die »Fleischwerdung, Inkarnation Christi«; jetzt versteht man das Adjektiv als »unveränderlich, unverbesserlich« [wem eine Eigenschaft in Fleisch und Blut übergegangen ist]).

Fondue

Die Bezeichnung für ein über einer Flamme am Tisch zubereitetes Gericht, bei dem kleine Stücke in eine erhitzte Flüssigkeit getaucht werden, galt anfangs für ein einfaches Gericht aus geschmolzenem Käse, das in der französischen Schweiz verbreitet war. Das Wort ist seit dem 19. Jahrhundert üblich und beruht auf französisch *fondue*, eigentlich »Geschmolzenes«, das auf französisch *fondre* »schmelzen«, lateinisch *fundere* »flüssig machen, gießen« zurückführt.

Forelle

Die bereits seit dem 16. Jahrhundert bezeugte Form der Fischbezeichnung hat sich durch Betonung der Mittelsilbe aus mittelhochdeutsch *forhele* entwickelt, einer Nebenform von mittelhochdeutsch *forhe(n)*, althochdeutsch *for(a)hana*, entsprechend mittelniederländisch *voorne*, altenglisch *forn(e)*. Sie steht im Ablaut zu schwedisch *färna* »Weißfisch« und gehört zur Wurzel **perk̂-* »gesprenkelt, bunt«; vergleiche dazu auch mittelirisch *erc* »gefleckt, dunkelrot«, substantiviert »Forelle, Lachs«. Der Fisch ist nach den zahlreichen bunten Tupfen auf seinem Rücken bezeichnet.

Frikadelle

Die Bezeichnung für »gebratenes Fleischklößchen« wurde am Ende des 17. Jahrhunderts entlehnt aus italienisch *frittatella* »Gebratenes« bzw. aus einer oberitalienischen Form *frittadella*. Die wahrscheinlich zugrunde liegende galloromanische Vorform **frigicare* ist ein Intensivum zu lateinisch *frigere* »rösten, braten«. ♦ Zu dieser Gruppe gehören noch die Entlehnungen ☞ Frikassee und *Pommes frites*.

Frikassee

Der gastronomische Fachausdruck für »Ragout aus weißem (Hühner- oder Kalb)fleisch« wurde im 16. Jahrhundert aus gleichbedeutend französisch *fricassée* entlehnt. Dies gehört zum Verb französisch *fricasser*, das schon vor dem Substantiv als **frikassieren** »Frikassee zubereiten« entlehnt wurde. Die Grundbedeutung des Verbs ist »klein geschnittenes Fleisch in einer Soße zubereiten«. Vermutlich ist es eine Kreuzung zwischen französisch *frire* »braten, rösten« (aus lateinisch *frigere*; vergleiche ☞ Frikadelle) und französisch *casser* »zerkleinern«, das identisch ist mit französisch *casser* »zerbrechen, vernichten« (aus gleichbedeutend spätlateinisch *cassare*).

frittieren

Der gastronomische Fachausdruck für »Speisen in schwimmendem Fett braun backen« ist eine junge Bildung zu französisch *frit* »gebraten, gebacken«, dem Partizip Perfekt von französisch *frire* »braten, backen« (lateinisch *frigere* »rösten«). ♦ Vergleiche hierzu das aus dem Französischen übernommene **Pommes frites** »in heißem Fett gebackene rohe Kartoffelstäbchen«.

frugal

»einfach (aber gesund und nahrhaft)«: Das Adjektiv wurde im 18. Jahrhundert entlehnt aus französisch *frugal* ◂ lateinisch *frūgālis* »zu den Früchten gehörig, fruchtig«; zu lateinisch *frūx (frūgis)*. Gemeint ist demnach eigentlich das ländlich-bäuerliche Mahl (ohne aufwendigen Luxus), das aus den nahrhaften Früchten des Feldes bereitet ist. Heute wird das Wort oft fälschlich im Sinne von »üppig« gebraucht.

Frühstück

Spätmittelhochdeutsch *vruo-, vrüestücke* bezeichnet eigentlich das in der Frühe gegessene Stück Brot (wie mittelhochdeutsch *morgenbrōt;* vergleiche hierzu bairisch-österreichisch *Brotzeit* »zweites Frühstück«).

—‹‹‹ *f* ›››—

Gabel

Das westgermanische Substantiv mittelhochdeutsch *gabel(e)*, althochdeutsch *gabala*, niederländisch *gaffel*, altenglisch *g(e)afol* ist verwandt mit der keltischen Wortgruppe um altirisch *gabul* »gegabelter Ast; Gabel; Gabelpunkt der Schenkel«. Es handelt sich wohl um eine Gerätebezeichnung zur Wurzel *_ghabh-_ »fassen, nehmen«. ♦ In der Frühzeit war die Gabel nichts anderes als der starke, gegabelte Ast und diente als landwirtschaftliches Gerät zum Heben und Wenden des Heus, der Garben, des Mistes oder dergleichen. Die eiserne Form der Gabel lernten die Germanen im Rahmen der Handelsbeziehungen mit den Römern kennen. Seit dem Mittelalter tritt die Gabel auch als Tischgerät auf, zunächst zum Vorlegen des Fleisches, seit dem ausgehenden Mittelalter dann auch als Essgerät.

Garnele

Die Bezeichnung des Krebstiers, im Deutschen schon seit dem 16. Jahrhundert vorkommend, ist entlehnt aus niederländisch *garneel, garnaal* »Garnele« (= mittelniederländisch *gheernaert*). Das Wort könnte vermutlich mit althochdeutsch *grana* »Borste, Schnurrbart« zusammenhängen.

Gelatine ....

»Knochenleim, Gallert«: Das Wort wurde vereinzelt seit dem 16. Jahrhundert entlehnt aus lateinisch *gelatina* »Gallertstoff« und Anfang des 19. Jahrhunderts unter Einfluss von französisch *gélatine* neu entlehnt aus neulateinisch *gelatina*, einer Bildung zu lateinisch *gelatus* »gefroren, erstarrt« (vergleiche ☞Gelee). ♦ Dazu das in der Industrie gebräuchliche Kurzwort **Gel**.

Gelee ....

»gallertartiger, eingedickter Frucht- oder Fleischsaft«: Das Substantiv wurde Mitte des 17. Jahrhunderts aus gleichbedeutend französisch *gelée* entlehnt, das auf vulgärlateinisch *gelāta*, von lateinisch *gelāre (gelatum)* »gefrieren machen, zum Erstarren bringen«, zurückgeht. Direkt aus lateinisch *gelāre* stammt (wie italienisch *gelare*, dazu *gelato* »Gefrorenes, Eis«) französisch *geler* »zum Gefrieren bringen; gefrieren; steif werden«, das im 20. Jahrhundert ins Neuhochdeutsche als **gelieren** »zu Gelee werden« entlehnt wurde. Neulateinische und mittellateinische Weiterbildungen von lateinisch *gelātus* »gefroren; erstarrt« liegen vor in ☞Gelatine und *Gallert*. ♦ Allen Bildungen liegt lateinisch *gelū* »Frost, Kälte, Eis« zugrunde, das mit *glacies* »Eis« (*Gletscher*) zur indogermanischen Wortgruppe des urverwandten Adjektivs *kalt* gehört.

Gemüse ....

Das im germanischen Sprachraum nur im Deutschen bezeugte Wort (mittelhochdeutsch *gemüese*) ist eine Kollektivbildung zum Substantiv *Mus*. Es bedeutete zunächst nur allgemein »Brei, Speise«, dann bezeichnete es speziell den Brei aus gekochten Nutzpflanzen und schließlich auch die unzubereiteten Nutzpflanzen.

Geschmack ....

Mittelhochdeutsch und althochdeutsch *gesmac* »Ausdünstung, Geruch; Geschmack; Geschmackssinn« gehört mit dem im Neuhochdeutschen untergegangenen gleichbedeutenden einfachen Substantiv mittelhochdeutsch, althochdeutsch *smac* (entsprechend englisch *smack* »Geschmack«) zu dem unter ☞ schmecken behandelten einfachen Verb, das in den älteren Sprachstadien auch »riechen« und allgemein »wahrnehmen, empfinden« bedeutete.

Gewürz ....

Das bereits seit dem 13. Jahrhundert bezeugte Wort, das nach heutigem Sprachgefühl auf *würzen* bezogen wird, ist eine Kollektivbildung zu dem nur noch mundartlich gebräuchlichen *Wurz* = »Kraut, Pflanze«. Es bezeichnet demnach eigentlich die in der Kochkunst verwendeten Kräuter und Pflanzen.

Glas ....

»durchsichtiger beziehungsweise lichtdurchlässiger, spröder, harter Stoff«: Glas war dem germanischen Kulturkreis fremd. Als die Germanen Glas, und zwar zunächst in Form von Perlen und Schmuck, von den Römern kennenlernten, bezeichneten sie es mit ihrem heimischen Wort für »Bernstein«. Diese Übertragung der Bezeichnung lag nahe, da auch der Bernstein fast ausschließlich in Form von Schmuck gehandelt wurde. Die ursprüngliche Bedeutung »Bernstein« lässt sich zudem noch für althochdeutsch *glas* belegen; auch das latinisierte germanische *glaesum* und die im grammatischen Wechsel zu Glas stehenden mittelniederdeutsch *glār* und altenglisch *glǣr* bedeuten »Bernstein«. Mittelhochdeutsch, althochdeutsch *glas*, niederländisch *glas*, englisch *glass* (die nordische Wortgruppe um schwedisch *glas* ist aus dem Mittelniederdeutschen entlehnt) gehen auf germanisch **glaza-* »Bernstein« zurück, das zu der vielfach weitergebildeten und erweiterten indogermanischen Wurzel **ĝhel-* »glänzend, schimmernd, blank« gehört (vergleiche auch *gelb*). Der Bernstein ist also nach seinem Glanz oder nach dem gelblichen Farbton bezeichnet. ♦ Im heutigen Sprachgebrauch bezeichnet Glas nicht nur den Grundstoff, sondern auch das aus Glas Hergestellte, zum Beispiel das Trinkgefäß.

Granatapfel ....

Die Frucht des im Orient beheimateten Granatbaumes wurde bei den Römern wegen der großen Menge ihrer Samenkerne als lateinisch *malum granatum* »kernreicher Apfel« (zu lateinisch *granum* »Korn, Kern«) bezeichnet. In mittelhochdeutscher Zeit wurde das Wort entlehnt und teilweise übersetzt.

Grapefruit ....

Die Bezeichnung der Zitrusfrucht wurde im 20. Jahrhundert aus englisch *grapefruit* entlehnt (zu englisch *grape* »Traube« und *fruit* »Frucht«). Die Frucht ist nach den traubenförmigen Blütenständen benannt.

Graupe ....

Das seit dem 15. Jahrhundert bezeugte Wort für »geschälte Gerste« (seltener für »geschälter Weizen«) stammt vermutlich aus dem Slawischen, vergleiche obersorbisch *krupa*, polnisch *krupa*, russisch *krupa* »Graupe, Grütze; Hagelkorn; schneeiger Hagel«. ♦ Ableitung: **graupen** »hageln« (16. Jahrhundert; vergleiche schlesisch *eysgrupe* »Hagelkorn«, 15. Jahrhundert), dazu **graupeln** »hageln« (17. Jahrhundert), **Graupel** »Hagelkorn« (19. Jahrhundert).

Grieß

»grobkörniger Sand; zu feinen Körnchen gemahlener Weizen, Reis oder Ähnliches«: Mittelhochdeutsch *grieʒ*, althochdeutsch *grioʒ* »Sand, Kies; Sandplatz; Strand; grob gemahlenes Mehl«, englisch *grit* »grobkörniger Sand, Kies; Sandstein«, schwedisch *gryt* »Steinhaufen« gehören im Sinne von »Zerbröckeltes, Zerriebenes« als Ableitung von althochdeutsch *grioʒan* »zerkleinern, -malmen« zu einer indogermanischen Wurzel, zu der auch das Adjektiv *groß* zählt.

Grill

Die Bezeichnung für »Bratrost« ist eine Entlehnung des frühen 20. Jahrhunderts aus gleichbedeutend englisch *grill*, das über französisch *gril* (neben *grille*) auf lateinisch *craticulum* (neben *craticula*) »Flechtwerk, kleiner Rost« zurückgeht. ♦ Ableitung: **grillen** »auf dem Grill braten« (20. Jahrhundert; aus englisch *to grill*).

Grog

Die Bezeichnung des heißen Getränks aus Rum, Zucker und Wasser wurde im 18. Jahrhundert aus englisch *grog* entlehnt, dessen Herkunft nicht sicher geklärt ist. Bereits in Deutungen des 18. Jahrhunderts wird das Wort mit dem englischen Admiral EDWARD VERNON in Verbindung gebracht. Dieser Admiral, der wegen seines Überrocks aus grobem Stoff (= englisch *grogram*) bei den Matrosen den Spitznamen *Old Grog* hatte, erließ einen Befehl, nur noch mit Wasser verdünnten Rum an die Matrosen auszugeben. Diese reagierten prompt und nannten das neue, verwässerte Getränk nach dem Spitznamen des Admirals. ♦ Dazu das Adjektiv englisch *groggy* »angeschlagen, benommen« – eigentlich »vom Grog betrunken« – in dem im 20. Jahrhundert entlehnten Wort **groggy**, das bei uns vor allem in der Boxersprache, aber auch umgangssprachlich im Sinne von »körperlich erschöpft; zerschlagen« verwendet wird.

Grütze

»Getreideschrot, Brei«: Das westgermanische Wort mittelhochdeutsch *grütze*, althochdeutsch *gruzzi*, mittelniederdeutsch *grutte*, niederländisch (mit r-Umstellung) *gort*, englisch *grit* steht im Ablaut zu dem unter ☞ Grieß behandelten Wort und gehört mit diesem zu der Wortgruppe von *groß*.

Gugelhupf, Gugelhopf

Das in Süddeutschland, in Österreich und in der Schweiz gebräuchliche Wort für »Napf-, Topfkuchen« ist eine Zusammensetzung, deren erster Bestandteil frühneuhochdeutsch *gugel* »Kapuze« (◂ mittellateinisch *cuculla*) ist, während der zweite Bestandteil wohl zu ☞ Hefe gehört und volksetymologisch an das Verb *hüpfen* angeschlossen wird. *Gugel* bezieht sich auf die Form, *Hupf/Hopf* auf die ursprüngliche Machart (Hefeteig).

Gulasch

Der Name des Gerichts ist ein ungarisches Lehnwort, das zu Beginn des 19. Jahrhunderts durch österreichische Vermittlung aufgenommen wurde. Zugrunde liegt ungarisch *gulya* »Rinderherde« und davon abgeleitet *gulyás* »Rinderhirt«. Danach bedeutet es also Pfefferfleischgericht, wie es von Rinderhirten im Kessel gekocht wird, *gulyás hús*, verkürzt: *gulyás*.

Gurke

Die Bezeichnung des Kürbisgewächses wurde im Laufe des 16. Jahrhunderts aus einer westslawischen Sprache entlehnt, vergleiche hierzu polnisch *ogórek*, russisch *ogurec*, tschechisch *okurka* »Gurke«. Die slawische Wortgruppe ihrerseits stammt aus mittelgriechisch *ágouros* »Gurke«, das zu griechisch *áōros* »unreif« gehört. Die Benennung bezieht sich darauf, dass die Gurke grün (unreif) geerntet wird. Das Wort *Gurke*, das heute gemeinsprachlich ist, hatte seinerzeit nur in Nord-, Ost- und Mitteldeutschland Geltung, während im Westen, Süden und Südwesten des deutschen Sprachraumes auf lateinisch *cucumis (-mesis)* »Gurke« (vergleiche englisch *cucumber*) zurückgehende Formen gebräuchlich waren, wie zum Beispiel mundartlich *guckummer, gommer, gummer, kummer, kümerling*.

Hachse, Haxe, Hechse, Hesse

»unteres Bein von Kalb oder Schwein«, (umgangssprachlich auch:) »Bein«: Das Substantiv (mittelhochdeutsch *hahse, hehse*, althochdeutsch *hāhsina* »Kniebug des Hinterbeines, besonders vom Pferd«) ist unklarer Herkunft. Vermutlich ist es mit der baltischen Wortgruppe von litauisch *kìnka* »Kniekehle, Hachse« verwandt oder aus germanisch **hanhsenawō* »Hangsehne« (als »Sehne, an der die geschlachteten Tiere aufgehängt werden«) verstümmelt, vergleiche altenglisch *hōhsinu* »Fersensehne«, altisländisch *hāsin* »Kniekehle«.

Hamburger

Die Bezeichnung für »gebratenes Rinderhackfleisch (zwischen den getoasteten Hälften eines Brötchens)« wurde ab Mitte des 20. Jahrhunderts aus gleichbedeutend englisch *hamburger* entlehnt. Amerikanische Belege für *hamburg(er) (beef)steak* sind seit 1872 bekannt. Wort und Sache wurden von deutschen Auswanderern in die USA gebracht und kamen von dort wieder zurück. In englischer Aussprache wird der erste Bestandteil mit englisch *ham* »Schinken« assoziiert, daher entstehen neue analoge Bildungen mit dem zweiten Bestandteil *-burger* wie *cheeseburger*.

Haschee

Die seit Anfang des 18. Jahrhunderts bezeugte Bezeichnung für »feines Hackfleisch« ist eine eindeutschende Substantivierung aus französisch *viande hachée* »gehacktes Fleisch«, wofür im Französischen *hachis* gilt. Das französische Verb *hacher* »zerhacken« wurde im 20. Jahrhundert selbstständig als **haschieren** übernommen und in der Bedeutung an *Haschee* angeglichen, im Sinne von »Haschee machen«. Grundwort ist französisch *hache* »Axt, Beil«, das auf altfränkisch **hāppja* zurückgeht und zur Wortgruppe von deutsch *Hippe* gehört.

Hecht

Die westgermanische Fischbezeichnung mittelhochdeutsch *hech(e)t*, althochdeutsch *hehhit*, mittelniederdeutsch *heket*, altenglisch *haced* gehört zu der Wortgruppe um *Haken*. Der Hecht ist also entweder nach seinem auffallend spitzen Maul oder nach seinen scharfen Zähnen bezeichnet, vergleiche auch schwedisch *gädda* »Hecht« zu *gadd* »Stachel«, englisch *pike* »Hecht« zu *pike* »Spitze, Pike«, französisch *brochet* »Hecht« zu *broche* »Spieß«.

Hefe

Der Gärstoff ist als »Hebemittel« bezeichnet. Wie sich französisch *levain* »Hefe« zu *lever* »heben« stellt, so gehören mittelhochdeutsch *heve*, althochdeutsch *hevo*, mittelniederländisch *heffe*, altenglisch *hæf* »Hefe« zu dem Verb *heben*.

Hering

Die Herkunft der westgermanischen Fischbezeichnung mittelhochdeutsch *hærinc*, althochdeutsch *hārinc*, niederländisch *haring*, englisch *herring* ist nicht sicher geklärt. Aus dem Westgermanischen stammt mittellateinisch *haringus* »Hering«, das französisch *hareng* und italienisch *aringa* zugrunde liegt. In den nordischen Sprachen wird der Hering schwedisch als *sill*, dänisch, norwegisch als *sild* bezeichnet (vergleiche dazu auch das entlehnte *Sild* »in schmackhafter Tunke eingelegter [Herings]fisch«).

Himbeere

Die Zusammensetzung mittelhochdeutsch *hintber*, althochdeutsch *hintberi*, altenglisch *hindber(r)ie* enthält als Bestimmungswort mittelhochdeutsch *hinde*, althochdeutsch *hinta*, das mit schwedisch *hind* »Hirschkuh« und griechisch *kemás* »junger Hirsch« verwandt ist. Diese Wörter gehen auf die indogermanische Wurzel **k̑em-* »horn-, geweihlos« (bei sonst Gehörn tragenden Tierarten) zurück. Welche Vorstellung der Bezeichnung des Gewächses als »Hirsch(kuh)beere« zugrunde liegt, ist nicht geklärt. Denkbar ist die Gegenüberstellung von Himbeere als Strauch mit wenigen Stacheln und Brombeere bzw. Hirschbeere als Strauch mit vielen Stacheln.

Honig

Der Honig ist nach seiner Farbe als »der (Gold)gelbe« benannt. Das gemeingermanische Wort mittelhochdeutsch *honec*, althochdeutsch *hona(n)g*, niederländisch *honing*, englisch *honey*, schwedisch *honung* ist mit griechisch *knēkós* »gelblich« und altindisch *kāñcaná-* »golden« verwandt und gehört zu indogermanisch **kenəko-* »gelb(lich), goldfarben«.

Hopfen

Die lediglich auf das deutsche, niederländische und englische Sprachgebiet beschränkte Bezeichnung der krautigen Kletterpflanze (mittelhochdeutsch *hopfe*, althochdeutsch *hopfo*, mittelniederdeutsch *hoppe*, niederländisch *hop*, englisch *hop*) gehört wahrscheinlich zu der Wortgruppe um schweizerisch *Hupp(en)* »buschige Quaste«, *Huppi* »knollen- oder kugelförmiger Auswuchs«. Das Wort bezog sich also ursprünglich auf die für das Bierbrauen allein wichtigen weiblichen Zapfen des Hopfens und ging dann auf die Pflanze selbst über.

Hopfen ¶ bei jemandem ist Hopfen und Malz verloren (umgangssprachlich) »bei jemandem ist alle Mühe umsonst, jemand ändert sich trotz aller Ermahnungen nicht mehr« ♦ Die Wendung bezieht sich auf die Bierbrauerei: Wenn der Brauvorgang nicht gelingt, dann sind die Bestandteile Hopfen und Malz verloren.

Hummer

Die Bezeichnung des Schalentieres scheint sich von Skandinavien, an dessen norwegischer Küste seit alters gute Möglichkeiten für den Hummerfang bestehen, ausgebreitet zu haben. Im deutschen Sprachgebiet war das Wort zunächst auf das Niederdeutsche beschränkt. Seit dem 16. Jahrhundert erlangte es gemeinsprachliche Geltung. Niederdeutsch *hummer*, isländisch *humar*, norwegisch, schwedisch, dänisch *hummer*, mit denen vermutlich griechisch *kámmaros* »eine Art Krebs« (wenn nicht entlehnt) verwandt ist, gehören vielleicht im Sinne von »gewölbtes oder (mit einer Schale) bedecktes Tier« zu der indogermanischen Wurzel »Hemd« **k̑em-* »bedecken, umhüllen«.

Humpen

Das seit dem 16. Jahrhundert, zunächst im Ostmitteldeutschen bezeugte Wort stammt vermutlich aus der Leipziger Studentensprache. Es gehört wohl zu der Wortgruppe um niederdeutsch *hump(e)* »Klumpen, Buckel«, norddeutsch *Humpel* »Unebenheit, Höcker, Buckel«, vergleiche englisch *hump* »Buckel, Höcker«, norwegisch *hump* »Unebenheit; kleine Erhebung« und außergermanisch zum Beispiel altindisch *kumbhá-* »Topf, Krug«, griechisch *ký́mbos* »Gefäß, Schale«.

Hunger

Das gemeingermanische Substantiv mittelhochdeutsch *hunger*, althochdeutsch *hungar*, gotisch (mit grammatischem Wechsel) *hūhrus*, englisch *hunger*, schwedisch *hunger* gehört wohl im Sinne von »Brennen, brennendes Verlangen« zu der indogermanischen Wurzelform **kenk-* »brennen« (auch vom Schmerz, Durst, Hunger). Vergleiche aus anderen indogermanischen Sprachen zum Beispiel griechisch *kánkanos* »dürr«, *kénkei* »er hungert«, litauisch *keñkti* »wehtun; schaden«.

—‹‹‹[·]›››—

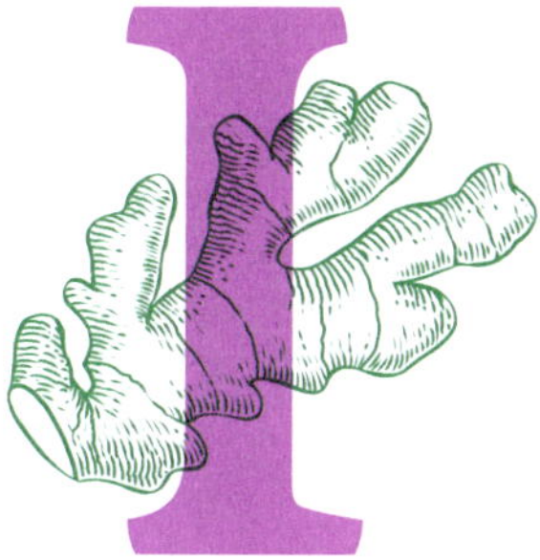

Imbiss

Der Terminus (mittelhochdeutsch, althochdeutsch *in-*, *imbīʒ*) ist eine Bildung zu dem Verb *enbīʒen*, *enbīʒan* »essend oder trinkend genießen«. In neuhochdeutscher Zeit bezeichnete das Substantiv zunächst jede beliebige Mahlzeit, dann speziell das zweite Frühstück und schließlich eine außerhalb der Hauptmahlzeiten eingenommene kleinere Mahlzeit.

Ingwer

Die Bezeichnung der Gewürzpflanze wurde in althochdeutscher Zeit als *gingibero* aus vulgärlateinisch *gingiber* entlehnt. Dies geht über lateinisch *zingiber* und griechisch *ziggíberis* auf mittelindisch *siṅgiveran* zurück. Das Wort besteht aus *-vera* »Wurzel« und altindisch *śṛṅgam* »Horn«, doch scheint die Anbindung an »Horn« (wegen der Ähnlichkeit mit einem Geweih) schon im Indischen volksetymologisch zu sein.

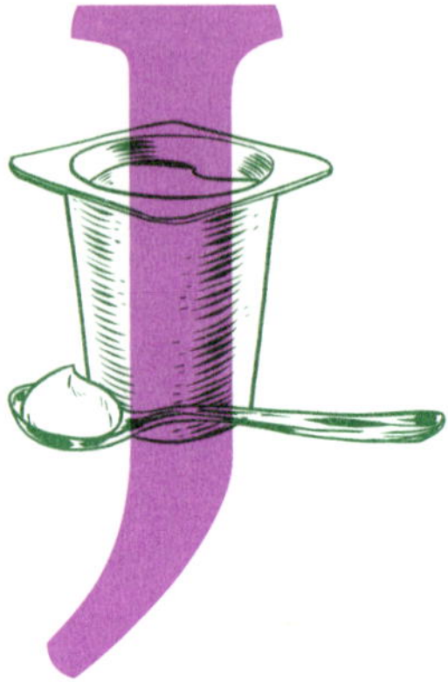

Jause

Der österreichische Ausdruck für »Zwischenmahlzeit, Vesper« geht auf mittelhochdeutsch *jūs* zurück, das aus slowenisch *júžina* »Mittagessen, Vesper« entlehnt ist. Das slowenische Substantiv gehört mit Entsprechungen in den anderen slawischen Sprachen zu der Wortgruppe von russisch *jug* »Süden« und bedeutet demnach eigentlich »Mittagsmahlzeit«. Hierher auch *Jugoslawien*, eigentlich »Südslawien«.

Joghurt

»gegorene Milch«: Das Substantiv wurde schon in der 1. Hälfte des 16. Jahrhunderts aus gleichbedeutend türkisch *yoğurt*, zu türkisch *yoğun* »dicht, kompakt, dickflüssig, steif« entlehnt.

Kaffee

Die letzte sicher zu ermittelnde Quelle für die Bezeichnung des anregenden Getränks ist arabisch *qahwa*, das sowohl »Wein« als auch »Kaffee« bedeuten konnte. Es ist schon 1582 in einem deutschen Reisebericht nachweisbar. Venezianische Kaufleute brachten den Kaffee mit seiner arabischen Bezeichnung im 16. Jahrhundert aus der Türkei (türkisch *kahve*) nach Italien (italienisch *caffè*) und von dort weiter nach Südwesteuropa (vergleiche zum Beispiel entsprechend französisch *café*, spanisch *café*). Auf unabhängiger Entlehnung beruhen hingegen wohl entsprechend niederländisch *koffie* und englisch *coffee*. Aus dem Englischen oder Niederländischen stammt russisch *kofe*. Ins Deutsche gelangte das Wort aus französisch *café*. In unveränderter Lautform erhalten ist das französische Wort in dem jüngeren, erst Mitte des 18. Jahrhunderts entlehnten Ausdruck **Café**, dem Ersatzwort für die ältere, heute noch in Österreich übliche Bezeichnung **Kaffeehaus** (18. Jahrhundert;

älter nach englischem Vorbild *Coffeehaus*, für Hamburg im 17. Jahrhundert bezeugt). ♦ In der Zusammensetzung **Kaffeebohne** (18. Jahrhundert) steckt als Grundwort arabisch *bunn* »Kaffeebohne«, das volksetymologisch zu *Bohne* umgedeutet wurde.

Kakao

Die Bezeichnung der tropischen Frucht des Kakaobaumes und des aus ihr bereiteten Getränks ist seit dem Ende des 16. Jahrhunderts bezeugt. Er ist wie unter anderem auch ☞Mais, ☞Schokolade und ☞Tomate mittelamerikanischen Ursprungs (aztekisch *cacauatl*) und wurde den Europäern durch spanisch *cacao* vermittelt.

> Kakao ¶ jemanden durch den Kakao ziehen (umgangssprachlich) »jemanden veralbern, lächerlich machen« ♦ Bei *Kakao* handelt es sich wahrscheinlich um einen verhüllenden Ausdruck für *Kacke*, sodass die Wendung als »jemanden durch die Kacke (= Kot, Dreck) ziehen« aufzufassen ist.

Kalorie

Das Wort bezeichnet die »Wärmeeinheit, Maßeinheit für den Energieumsatz des Körpers« und ist eine gelehrte Neubildung des 19. Jahrhunderts zu französisch *calorie*, lateinisch *calor (calōris)* »Wärme, Hitze, Glut«, das zu lateinisch *calēre* »warm, heiß sein, glühen« (urverwandt mit deutsch *lau*) gehört. ♦ Es besteht ein Zusammenhang mit *Chauffeur*, *chauffieren* (denen die lateinische Zusammensetzung *cal[e]facere* »warm machen, einheizen« zugrunde liegt).

Kamille

Die Bezeichnung der zu den Korbblütlern gehörenden Heilpflanze (mittelhochdeutsch *gamille, kamille*), deren getrocknete Blüten zu Aufgüssen und zur Bereitung von Tee verwendet werden, beruht auf Entlehnung und Kürzung aus mittellateinisch *camomilla*. Dies geht über lateinisch *chamaemēlon* auf griechisch *chamaímēlon* »Kamille« zurück, das wörtlich etwa »Erdapfel« bedeutet (zu griechisch *chamaí* »am Boden, an der Erde« und griechisch *mēlon* »Apfel«). Der Ausdruck soll sich auf den apfelähnlichen Duft der Blüten beziehen.

Kandis(zucker), Kandelzucker

Die Bezeichnung für den an Fäden auskristallisierten Zucker ist seit dem 18. Jahrhundert gebräuchlich. Bereits im 16. Jahrhundert sind Formen wie *Zuckerkandit* und *Zuckerkandi* bezeugt. Der erste Bestandteil des Wortes ist aus italienisch *(zucchero) candito* bzw. älter *candi* entlehnt und stammt aus arabisch *qandī* »gezuckert« (zu arabisch *qand* »Rohrzucker« aus altindisch *khandaka-* »Zucker in kristallartigen Stücken«).

Kantine

»Erfrischungs-, Speise-, Verkaufsraum (in größeren Betrieben, Kasernen usw.)«: Das Wort wurde im 19. Jahrhundert – zuerst in der Bedeutung »Soldatenschenke« – aus französisch *cantine* entlehnt. Französisch *cantine* seinerseits stammt aus italienisch *cantina* »Wein-, Flaschenkeller«, dessen weitere Herkunft ist noch ungeklärt.

Karaffe

Die Bezeichnung für »bauchige Glasflasche« wurde um 1700 aus gleichbedeutend französisch *carafe* entlehnt, das selbst aus italienisch *caraffa* stammt. Dies geht auf arabisch *ğarrāfa*ʰ »weitbauchige Flasche« (zu arabisch *ğarafa* »schöpfen«) zurück, das den Europäern durch spanisch *garrafa* vermittelt wurde.

Karamell

»gebrannter Zucker«: Das seit dem 19. Jahrhundert bezeugte Wort ist aus französisch *caramel* »Gerstenzucker, gebrannter Zucker« entlehnt, das über spanisch, portugiesisch *caramelo* »Zuckerrohr; gebrannter Zucker« auf lateinisch *calamellus* »Röhrchen«, die Verkleinerungsform von lateinisch *calamus* (◂ griechisch *kálamos*) »Schilfrohr«, zurückgeht. ♦ Ableitung: **Karamelle** »Rahmbonbon«, als mundartliche Variante auch **Kamelle** (beide 20. Jahrhundert).

Karfiol

Der vorwiegend süddeutsche und österreichische Ausdruck für »Blumenkohl« wurde um 1600 eingedeutscht aus italienisch *cavolfiore* »Kohlblume«. Dies ist zusammengesetzt aus italienisch *cavolo* (◂ lateinisch *caulis* »Kohl«) und italienisch *fiore* (◂ lateinisch *flos [floris]* »Blume«). Dieselbe Herkunft haben gleichbedeutend spanisch *coliflor* und englisch *cauliflower*, während französisch *chou-fleur* wie deutsch *Blumenkohl* eine Lehnübertragung des italienischen Wortes ist.

Karotte

Das Wort wurde im 16. Jahrhundert aus älter niederländisch *karote* entlehnt, das über französisch *carotte*, lateinisch *carōta* auf griechisch *karōtón* »Möhre, Karotte« zurückgeht. Dies gehört wohl zur Familie von griechisch *kárā* »Kopf«, das mit deutsch *Hirn* urverwandt ist.

Karpfen

Die Bezeichnung des Süßwasserfisches (mittelhochdeutsch *karpfe*, mitteldeutsch *karpe*, althochdeutsch *karpfo*) stammt wahrscheinlich aus einer unbekannten Sprache des Alpen- und Donaugebiets. In den Gewässern dieses Gebiets war der Karpfen, bevor er als gezüchteter Teichfisch Verbreitung fand, seit alters heimisch. Die von südgermanischen Stämmen übernommene Bezeichnung gelangte später in die meisten europäischen Sprachen.

Kartoffel

Die Heimat der zu den Nachtschattengewächsen gehörenden Kulturpflanze ist Südamerika. Von dort brachten sie die Spanier im 16. Jahrhundert nach Europa, und zwar einmal unter dem aus der Quechuasprache der Inkas stammenden Namen spanisch *papa* »Kartoffel« (diese Bezeichnung blieb auf das Spanische beschränkt), zum anderen auch als spanisch *batata, patata* (das Wort entstammt der Indianersprache von Haiti und bezeichnet eigentlich die zu den Windengewächsen gehörende Süßkartoffel, deren Wurzelknollen besonders in den Tropen ein wichtiges Nahrungsmittel sind). Die letztere Bezeichnung gelangte aus Spanien auch in einige andere europäische Sprachen (vergleiche zum Beispiel italienisch *patata* »Kartoffel«, englisch *potato* »Kartoffel« und aus dem Englischen gleichbedeutend schwedisch *potatis*). Andere europäische Sprachen wiederum prägten für die Kartoffel eigene Bezeichnungen, die sich vorwiegend auf die knolligen Wurzeln dieser Pflanze beziehen. So gab es früher in Italien für die Kartoffel auch den Ausdruck *tartufo, tartufolo*. Das Wort bezeichnet eigentlich den essbaren Trüffelpilz (◂ vulgärlateinisch **terrae tufer*, italische Dialektform von spätlateinisch *terrae tuber* »Trüffel«, eigentlich »Erdknolle«; vergleiche ☞Trüffel). Zur Bezeichnung für die Kartoffel wurde es aufgrund einer Verwechslung der unterirdisch heranwachsenden knollenartigen Fruchtkörper der Trüffel mit den Wurzelknollen der Kartoffel. Während das Wort *tartufolo* »Kartoffel« im Italienischen nun hinter *patata* völlig zurückgetreten ist, lebt es in unserem daraus entlehnten Wort *Kartoffel* (18. Jahrhundert, durch Dissimilation aus älterem *Tartuffel, Tartüffel* entstanden) fort. ♦ In einigen deutschen Mundarten gelten für *Kartoffel* zahlreiche zusammengesetzte Bezeichnungen wie *Erdapfel, Erdbirne, Grundbirne* (daraus entstellt rheinhessisch und pfälzisch *Krumbeere*) usw. Ähnlich wird die Kartoffel im Französischen als *pomme de terre* (eigentlich »Erdapfel«) bezeichnet.

Kaschemme

»verrufene Kneipe/Gasthaus«: Das seit dem 19./20. Jahrhundert bezeugte Wort entstammt dem Rotwelschen und geht auf Romani *katšīma* »Wirtshaus, Schenke« zurück, das selbst aus einer slawischen Sprache (vergleiche dazu auch tschechisch *krĕma*) stammt.

Käse

Die Germanen kannten Käse ursprünglich wohl nur in Form von Weichkäse (Quark). Das alte germanische Wort hierfür ist in den nordischen Sprachen bewahrt (vergleiche schwedisch *ost* »Käse«, urverwandt mit lateinisch *ius* »Brühe«). Den festen Labkäse lernten die (West)germanen von den Römern kennen. Deren Wort für den »(einzelnen) Käse«, lateinisch *cāseus*, lebt dementsprechend in den westgermanischen Sprachen als Lehnwort fort (althochdeutsch *chāsi, kāsi*, mittelhochdeutsch *kæse*, niederländisch *kaas*, englisch *cheese*).

Kaviar

Die Bezeichnung für den Rogen des Störs wurde bereits in der 2. Hälfte des 16. Jahrhunderts aus gleichbedeutend türkisch *havyar*, eigentlich »Eiträger«, entlehnt und ist wahrscheinlich persischen Ursprungs.

Keks

Das Substantiv wurde im 19. Jahrhundert aus dem Plural *cakes* von englisch *cake* »Kuchen« entlehnt. Im Deutschen wurde es als Singular empfunden. Englisch *cake*, das aus dem Nordischen entlehnt sein kann (vergleiche auch schwedisch *kaka* »Kuchen«), steht im Ablaut zu deutsch *Kuchen*.

Kelter

»Traubenpresse«: Das Wort (mittelhochdeutsch *kelter*, althochdeutsch *kalkatūra*, später *kelcterre*) gehört zu einer Gruppe von lateinischen Entlehnungen aus dem Bereich des Weinbaus (☞ Wein). Es geht auf lateinisch *calcātūra* »das Stampfen; das Keltern; die Kelter« zurück, das zu lateinisch *calcāre* »mit der Ferse treten; mit den Füßen stampfen« und weiter zu lateinisch *calx* »Ferse; Fuß« gehört. Die Bezeichnung der Kelter erinnert also daran, dass in der ältesten Zeit (wie noch heute zuweilen in südlichen Gegenden) der Saft aus den Weintrauben mit den Füßen herausgestampft wurde.

Ketchup

Die Bezeichnung für »pikante Würztunke« ist eine recht junge Entlehnung des 20. Jahrhunderts aus englisch *ketchup (catchup, catsup)*, das wahrscheinlich auf malaiisch *kĕchap*, chinesisch *kêtsiap* »gewürzte Fischtunke« zurückgeht.

Kiwi

Die Bezeichnung für einen flugunfähigen Vogel in Neuseeland und für eine exotische Frucht ist ein Maoriwort. Über gleichbedeutend englisch *kiwi* ist es in der 2. Hälfte des 20. Jahrhunderts ins Deutsche gelangt.

Knäckebrot

Die Bezeichnung für »Vollkornbrot in Form knuspriger dünner Fladen« wurde im 20. Jahrhundert aus schwedisch *knäckebröd* (eigentlich »Knackbrot«) entlehnt. Das Brot ist nach dem knackenden bzw. krachenden Geräusch benannt, das beim Hineinbeißen entsteht.

Kneipe

Das seit dem 18. Jahrhundert – zuerst in der Zusammensetzung **Kneipschenke** – bezeugte Substantiv kam zunächst vorwiegend in der Studentensprache vor und bezeichnete eine kleine schlechte Schenke und das dort abgehaltene Trinkgelage sowie das (kleine) Zimmer eines Studenten. Im Sinne von »kleine Schankwirtschaft, billiges (Bier- oder Wein)lokal« wurde es anschließend gemeinsprachlich. Das Wort gehört zu *kneipen* = »klemmen, kneifen«, entweder im Sinne von »enger, beklemmender Raum« oder im Sinne von »Gefängniszelle« (eigentlich »Klemme, Vorrichtung zum Einschließen der Gefangenen«).

Knoblauch

Die Bezeichnung für das Zwiebelgewächs ist zusammengesetzt aus den Wörtern *Kloben* (eigentlich »Gespaltenes, Spalt«) und ☞Lauch. Das Gewächs ist nach seinem in Zehen gespaltenen Wurzelknopf als »gespaltener Lauch, Zehenlauch« bezeichnet. Die neuhochdeutsche Form *Knoblauch* geht zurück auf mittelhochdeutsch *knobelouh*, spätalthochdeutsch *knufloch*, das aus althochdeutsch *klobi-*, *klofalouh* dissimiliert ist.

kochen

Das auf das Westgermanische beschränkte Verb (mittelhochdeutsch *kochen*, althochdeutsch *kohōn*, mittelniederdeutsch, niederländisch *koken*; die nordische Wortgruppe um entsprechend schwedisch *koka* entstammt dem Mittelniederdeutschen) beruht auf einer frühen Entlehnung aus lateinisch *coquere* (*coctum*, vulgärlateinisch *cocere*) »kochen, sieden; reifen« (etymologisch verwandt zum Beispiel mit griechisch *péssein* »kochen; verdauen«, *pépōn* »durch die Sonne gekocht, reif«).

Kohl

Wie mehrere andere Gemüsearten (zum Beispiel ☞Kürbis und ☞Zwiebel) lernten die Germanen auch den Kohl durch die Römer kennen und übernahmen mit der Pflanze auch das Wort. Althochdeutsch *kōl*, *kōli*, mittelhochdeutsch *kōl*, *kœl(e)*, altsächsisch *kōli*, altenglisch *cā(u)l*, *cāwel* (englisch *cole*) sind entlehnt aus lateinisch *caulis* »Kohl«, das eigentlich »Strunk, Stängel, Stiel« bedeutet

Kohldampf

»Hunger« (umgangssprachlich), häufig in der Wendung *Kohldampf schieben:* Das seit dem Ende des 19. Jahrhunderts durch die Soldatensprache allgemein bekannt gewordene Substantiv stammt aus dem Rotwelschen. Sowohl *Dampf* als auch *Kohler*, *Kol(l)er* bedeuten dort »Hunger« (wahrscheinlich identisch mit *Koller* = »Wut«). Die Zusammensetzung hat jedenfalls tautologischen Charakter.

Kohlrabi

Der Anbau der Gemüseart, die schon in mittelalterlicher Zeit in Mitteleuropa bekannt war, wurde in der Neuzeit von Italien ausgehend neu gefördert. In diesem Zusammenhang wurden aus italienisch hochsprachlich *cavoli rape* (Plural), das auf lateinisch *rāva caulis* zurückgeht, mundartlich *cauliravi* »Kohlrabi« (vergleiche hierzu ☞Kohl und *Rübe*) die deutschen Formen im 17. Jahrhundert entlehnt. Die heute übliche Form *Kohlrabi* hat sich im ersten Bestandteil an das Wort *Kohl* angelehnt. Die Form *Kohlrübe*, die in Teilen Deutschlands aber als Bezeichnung der Steckrübe (Weiße Rübe, Wruke) dient, hat sich im zweiten Bestandteil an *Rübe* angeschlossen.

Kokosnuss

Das Wort ist eine verdeutlichende Zusammensetzung für das ältere *Kokos*, das im 17. Jahrhundert aus dem Plural von gleichbedeutend spanisch, portugiesisch *coco* entlehnt wurde. Das spanische, portugiesische Wort bedeutet zuerst »Butzemann, Gespenst«, weil die Nuss mit ihren drei Samenöffnungen einem Gesicht ähnelt oder weil man daraus Gesichter schneiden kann. Es geht zurück auf lateinisch *coccus* (◂ griechisch *kókkos*) »Kern, Beere; runder Auswuchs«.

Kombüse

Der seit dem Anfang des 18. Jahrhunderts in hochdeutschen Texten bezeugte seemännische Ausdruck für »Schiffsküche« stammt aus gleichbedeutend niederdeutsch *kambüse*, das eine jüngere Nebenform mit m von mittelniederdeutsch *kabūse* »Bretterverschlag auf dem Schiffsdeck, der zum Kochen und Schlafen dient« ist.

Kompott

Die Bezeichnung für ein »(mit Zucker) gekochtes Obst, das als Nachtisch serviert wird« wurde bereits zu Beginn des 18. Jahrhunderts aus französisch *compote* »Eingemachtes« entlehnt. Dies geht auf vulgärlateinisch **composita* »Zusammengesetztes, Gemischtes« von lateinisch *compōnere* »zusammenstellen, -setzen« (es besteht auch ein Zusammenhang mit *komponieren*), zurück. ♦ Vulgärlateinisch **composita* steht neben gleichbedeutend lateinisch *compositum* (vergleiche auch mittellateinisch *compostum* »Misthaufen, Dünger« in *Kompost*), das schon spätalthochdeutsch, mittelhochdeutsch *kumpost* »Eingemachtes« (insbesondere »eingemachtes Sauerkraut«) bedeutete. Dies lebt unter anderem in der nordostdeutschen Bezeichnung *Kumst* für »Weißkohl, Sauerkohl« fort.

Konfekt

»Zucker-, Backwerk«: Das schon im 16. Jahrhundert in dieser Bedeutung allgemein gebräuchliche Wort stammt aus der Apothekersprache. Dort war es bereits im 15. Jahrhundert bekannt und bezeichnete speziell alle Arten eingezuckerter oder eingekochter Früchte, wie man sie zu Heilzwecken verwendete. Es geht wie italienisch *confetto* (vergleiche *Konfetti*) auf mittellateinisch *confectum* »Zubereitetes« zurück, das substantivisch gebrauchte Partizip Perfekt von lateinisch *cōnficere (cōnfectum)* »fertig machen, zubereiten usw.«.

Konfitüre

Die Bezeichnung für »Einfruchtmarmelade (überwiegend mit ganzen Früchten)« wurde bereits im 17. Jahrhundert aus französisch *confiture* »Eingemachtes« entlehnt. Das Substantiv geht auf lateinisch *confectura* »Verfertigung, Zubereitung« zurück.

Über das zugrunde liegende Verb lateinisch *cōnficere* »fertig machen, zubereiten« vergleiche ☞ Konfekt.

Kotelett

Die Bezeichnung für »Rippenstück« wurde Anfang des 18. Jahrhunderts aus französisch *côtelette* »Rippchen« entlehnt, einer Verkleinerungsbildung zu französisch *côte* »Rippe; Seite«. Dies geht auf altfranzösisch *coste* zurück, das in der speziellen Bedeutung »Abhang« die Quelle für *Küste* ist. ♦ Nach der Ähnlichkeit mit einem Kotelett wird seit dem 19. Jahrhundert von Berlin aus der männliche Backenbart als **Koteletten** bezeichnet.

Krabbe

Das im 16. Jahrhundert aus dem Niederdeutschen übernommene Wort geht auf mittelniederdeutsch *krabbe* »kleiner Meerkrebs« zurück, das mit niederländisch *krab*, englisch *crab* und der nordischen Wortgruppe um schwedisch *krabba* verwandt ist. Die Krabbe kann als »krabbelndes Tier« bezeichnet worden sein, wahrscheinlicher ist aber ein Zusammenhang mit lateinisch *carabus*, griechisch *kárabos* »Meerkrebs«.

Kredenz

»Anrichte(tisch, -schrank)«: Die im 15. Jahrhundert bezeugte Bezeichnung des Möbelstücks wurde aus gleichbedeutend italienisch *credenza* entlehnt. Dessen eigentliche Bedeutung ist gemäß seiner Herkunft aus mittellateinisch *credentia* (zu lateinisch *crēdere* »vertrauen auf, glauben«; siehe *Kredo*) »Glaube, Vertrauen, Glaubwürdigkeit«. Die Bedeutung »Anrichtetisch« entwickelte sich aus der italienischen Wendung *far la credenza* »die Prüfung auf Treu und Glauben vornehmen«, welche die Aufgabe des Mundschenks oder Dieners an Herren- und

Fürstenhöfen umschrieb, die Speisen und Getränke, ehe sie dem Herrn vorgesetzt wurden, an »Seitentischchen« vorzukosten und damit auf ihre Unschädlichkeit zu prüfen. ♦ Ableitung: **kredenzen** »(feierlich) darreichen, darbringen; auftischen« (14. Jahrhundert; seit dem 15. Jahrhundert in der Bedeutung »vorkosten«).

Krokant

Die Bezeichnung für Zuckerwerk aus zerkleinerten Mandeln (auch Nüssen) und Karamellzucker wurde im 19. Jahrhundert aus französisch *croquante* »Knuspergebäck« entlehnt. Dies ist substantiviertes Femininum von *croquant*, dem Partizip Präsens von *croquer* »krachen, knuspern«, das lautmalenden Ursprungs ist. ♦ Zu französisch *croquer* gehört als Ableitung auch französisch *croquette* »Kartoffelkuchen, gebratenes Kartoffelklößchen«, aus dem im 20. Jahrhundert **Krokette** übernommen wurde.

Küche

Das nur westgermanische Substantiv (mittelhochdeutsch *küchen*, althochdeutsch *kuhhina*, mittelniederdeutsch *koke[ne]*, niederländisch *keuken*, englisch *kitchen*; die nordische Wortgruppe um entsprechend schwedisch *kök* stammt aus dem Mittelniederdeutschen) beruht auf einer frühen Entlehnung aus spätlateinisch *coquina* (vulgärlateinisch *cocina*) »Küche«. Dies gehört zu lateinisch *coquere* »kochen« (vergleiche auch ☞ kochen). Die Küche ist also als »Kochraum« benannt. Gleicher Herkunft wie das westgermanische Wort sind aus dem romanischen Sprachraum zum Beispiel französisch *cuisine* »Küche« und gleichbedeutend italienisch *cucina*.

Kuchen

Das Wort für »Feingebäck« hat keine sichere Anschlussmöglichkeit. Es bedeutete ursprünglich vermutlich »Speise, Brei«. Mittelhochdeutsch *kuoche*, althochdeutsch *kuocho*, mittelniederdeutsch *kōke*, niederländisch *koek*, ablautend englisch *cake* (☞ Keks), schwedisch *kaka* »Kuchen« gehen zurück auf germanisch **kōka-*, **kaka-*, das wahrscheinlich ein Lallwort wie zum Beispiel auch *Mama* und *Papa* ist. Vielleicht zu sardisch *cocca* »Kuchen«, katalanisch *coca* »Milchbrotkuchen« unter anderen romanischen Entsprechungen.

kulinarisch

»auf die (feine) Küche, die Kochkunst bezüglich«, besonders in der Fügung *kulinarische Genüsse* »Tafelfreuden«: Das Adjektiv wurde im 18. Jahrhundert aus gleichbedeutend lateinisch *cūlinārius* entlehnt, das von lateinisch *culīna* »Küche« abgeleitet ist. Über die etymologischen Zusammenhänge vergleiche auch ☞ kochen.

Kümmel

Die Bezeichnung der Gewürzpflanze und ihrer als Gewürz verwendeten Früchte (mittelhochdeutsch *kümel*, althochdeutsch *kumil*, *kumīn*, entsprechend altenglisch *cymen*, englisch *cum[m]in*) beruht auf einer Entlehnung aus gleichbedeutend lateinisch *cumīnum*, das seinerseits aus griechisch *kýmīnon* »Kümmel« entlehnt ist. Das Wort ist letztlich wohl semitischen Ursprungs.

Labskaus

Das seit dem 19. Jahrhundert bezeugte Substantiv bezeichnet ein Seemannsgericht aus Fleisch, Fisch und Kartoffeln ist aus englisch *lobscouse* entlehnt. Dessen Herkunft ist unklar.

Lachs

Mittelhochdeutsch, althochdeutsch *lahs*, mittelniederdeutsch *lass*, altenglisch *leax*, schwedisch *lax* gehen mit verwandten Wörtern in anderen indogermanischen Sprachen auf indogermanisch **lak̑so-s* »Lachs« zurück. Vergleiche zum Beispiel litauisch *lašišà*, russisch *losos'* »Lachs«, tocharisch B *laks* »Fisch«. Welche Vorstellung der Bezeichnung des Lachses zugrunde liegt, ist nicht sicher geklärt. Vielleicht handelt es sich um eine Entlehnung aus einer vorindogermanischen Sprache.

Laib

Das sehr alte gemeingermanische Wort mittelhochdeutsch *leip*, althochdeutsch *(h)leib*, gotisch *hlaifs*, altenglisch *hlāf* (siehe unten), altisländisch *hleifr* bezeichnete wahrscheinlich das ungesäuerte Brot, während das unter ☞ Brot behandelte Wort das gesäuerte Brot der Germanen bezeichnete. Germanisch **hlaiba-* »(ungesäuertes) Brot«, dessen weitere Herkunft unklar ist, wurde in mehrere europäische Sprachen entlehnt, vergleiche zum Beispiel die slawische Wortgruppe um russisch *chleb* »Brot«. Möglich ist Verwandtschaft mit dem ähnlich lautenden griechisch *klībanos* »Backofen«, das wohl aus einer unbekannten Sprache entlehnt ist. ♦ Altenglisch *hlāf* »Brot«, auf dem englisch *loaf* »Laib« beruht, steckt als Bestimmungswort in altenglisch *hlǣfdīge* »Herrin, Frau« (eigentlich »Brotkneterin«), das sich über mittelenglisch *lāvedi* zu englisch *lady* »Dame« entwickelte, und in altenglisch *hlāford* »Herr« (aus *hlāfward eigentlich »Brotwart, -schützer«), das sich über mittelenglisch *lōverd* zu englisch *lord* »Herr« entwickelt. ♦ Im Deutschen wird Laib heute nur noch im Sinne von »einzelnes, geformtes Brot, geformte Masse (aus Brotteig, aus Käse)« gebraucht. Die im 17. Jahrhundert aufgekommene Schreibung des Wortes mit ai dient der Unterscheidung von Leib »Körper«.

Lakritz(e)

»aus Süßholzsaft eingedickte, süße schwarze Masse«: Das Substantiv (mittelhochdeutsch *lakerize, lekerize,* althochdeutsch *lak(e)ritze*) ist aus mittellateinisch *liquiricia, liquiritia* »Süßholz« entlehnt, das aus gleichbedeutend griechisch *glykýrriza* stammt. Dies bedeutet eigentlich »Süßwurzel« (zu griechisch *glykýs* »süß« und *rhíza* »Wurzel«).

Languste

Die Bezeichnung des vorwiegend in Mittelmeergegenden vorkommenden scherenlosen Krebses, der wegen seines schmackhaften Fleisches als Delikatesse sehr geschätzt ist, wurde aus französisch *langouste* im 19. Jahrhundert ins Deutsche entlehnt. Sie geht über vulgärlateinisch **lacusta* und altprovenzalisch *langosta* auf klassisch-lateinisch *locusta* »Heuschrecke« und »Heuschreckenkrebs, Languste« zurück.

Lauch

Die gemeingermanische Bezeichnung der Gemüsepflanze mittelhochdeutsch *louch,* althochdeutsch *louh,* niederländisch *look,* englisch *leek,* schwedisch *lök* gehört wohl zu der indogermanischen Wurzel **leug-* »biegen, winden, drehen« (vergleiche hierzu auch *Locke*). Der (wilde) Lauch wäre demzufolge nach seinen nach unten gebogenen Blättern oder aber als »gefaltete Pflanze« bezeichnet. Von den zahlreichen Laucharten sind allgemein bekannt **Knoblauch** (siehe dort) und **Schnittlauch** (mittelhochdeutsch *snitlouch,* althochdeutsch *snitilouh;* so bezeichnet, weil die Blätter zur Verwendung in der Küche frisch geschnitten werden).

Leber

Die gemeingermanische Bezeichnung der größten Drüse des menschlichen und tierischen Körpers (mittelhochdeutsch *leber[e],* althochdeutsch *lebara,* niederländisch *lever,* englisch *liver,* schwedisch *lever*) ist vermutlich eine substantivierte Adjektivbildung zu der Wurzel um *bleiben.* Es vergleicht sich griechisch *liparós* »fett«, *lípos* »Fett, Öl«. Dies bezieht sich aber nicht, wie meist vermutet, auf die Leber selbst, etwa als »die Fettige« im Sinne von »gemästeter Leber«, sondern auf die Eigenschaft der Leber als fettverarbeitendes Organ. Die mittelalterliche Vorstellung von der Leber als dem vor allem blutstillenden Organ und die daraus hervorgehende Deutung als

»Sitz des Lebens« haben später zu einem volksetymologischen Anschluss an die Wortgruppe um *leben* geführt.

Lebkuchen

Der süddeutsche und westdeutsche Ausdruck für die Honigkuchenart, die in anderen Teilen Deutschlands **Pfefferkuchen** oder **brauner Kuchen** heißt, geht auf mittelhochdeutsch *leb(e) kuoche* zurück. Die Herkunft des Bestimmungswortes ist unklar. Vielleicht handelt es sich um eine ablautende Form zu dem unter ☞ Laib behandelten Wort, sodass Lebkuchen als »Brotkuchen« zu deuten wäre, möglich ist aber auch die Entlehnung aus einer Variante von lateinisch *lībum* »Fladen«.

Likör

»Branntwein mit Zuckerlösung und aromatischen Geschmacksträgern«: Das Substantiv wurde Anfang des 18. Jahrhunderts aus gleichbedeutend französisch *liqueur* (eigentlich »Flüssigkeit«) entlehnt. Dies geht auf lateinisch *liquor* »Flüssigkeit« zurück, das in der Form **Liquor** als Fachwort der Chemie und Pharmazie schon im 16. Jahrhundert zur Bezeichnung »flüssiger Substanzen« eine Rolle spielt.

Limonade

Die bereits seit dem 17. Jahrhundert bezeugte Bezeichnung für ein kaltes Fruchtgetränk (unter Zusatz von Zucker, Wasser und auch Kohlensäure) – zuerst nur für »Zitronenwasser« – stammt aus französisch *limonade*. Dies ist von französisch *limon* »dickschalige Zitrone« abgeleitet, das wie spanisch *limón* und italienisch *limone* (vergleiche das daraus entlehnte, besonders in Österreich gebräuchliche **Limone**) auf persisch-arabisch *līmun* »Zitrone; Zitronenbaum« zurückgeht.

Löffel

»Gerät zum Lecken bzw. zum Schlürfen«: Mittelhochdeutsch *leffel*, althochdeutsch *leffil*, mittelniederdeutsch, niederländisch *lepel* »Löffel« beruhen auf einer Instrumentalbildung zu einem im Neuhochdeutschen untergegangenen Verb **lapan* »lecken, schlürfen«; vergleiche hierzu althochdeutsch *laffan*, mittelhochdeutsch *laffen* »lecken, schlürfen«, ferner die gleichbedeutenden Verben mittelniederdeutsch *lapen*, niederländisch *leppen*, englisch *to lap*, schwedisch *lapa*. Diese germanische Sippe gehört mit verwandten Wörtern in anderen indogermanischen Sprachen zu der lautmalenden Wurzel **lab(h)-*, **lap(h)-* »schlürfend, schnalzend, schmatzend lecken«, vergleiche zum Beispiel griechisch *láptein* »lecken, schlürfen« und lateinisch *lambere* »lecken«.

Magen

Das gemeingermanische Substantiv mittelhochdeutsch *mage,* althochdeutsch *mago,* niederländisch *maag,* englisch *maw,* schwedisch *mage* bezeichnet ein Organ und ist wohl verwandt mit der baltischen Wortgruppe um litauisch *mãkes* »Beutel« und mit kymrisch *megin* »Blasebalg«. Demnach hätten die Germanen den erweiterten Teil des Verdauungskanals als »Beutel« bezeichnet. ♦ Zusammensetzung: **Magenbitter** »Bitterlikör zur Anregung der Magensäfte« (19. Jahrhundert).

Mahl

Das der gehobenen Sprache angehörige Wort für »Essen« war ursprünglich identisch mit dem gemeingermanischen Wort Mal = »Zeitpunkt«. Auch im Englischen (vergleiche *meal*) und im Nordischen (vergleiche dazu schwedisch *mål*) entwickelte sich wie im Deutschen aus der Bedeutung »Zeitpunkt, festgesetzte Zeit« die Bedeutung »Essenszeit, Essen«. ♦ Zusammensetzungen: **Mahlzeit** im Sinne von »Essen« (15. Jahrhundert).

Als Grundwort steckt *Mahl* in mehreren Zusammensetzungen, so zum Beispiel **Abendmahl**, **Gastmahl**, **Nachtmahl**.

Mais

Die in deutschen Texten seit dem 16. Jahrhundert bezeugte Bezeichnung der besonders in wärmeren Gebieten angebauten Getreidepflanze – in Süddeutschland vom Volksmund auch als *Welschkorn*, *türkischer Weizen* und anderes bezeichnet – stammt aus der Sprache der Taino auf Haiti. Sie wurde den europäischen Sprachen (zum Beispiel französisch *maïs*, englisch *maize*) durch spanisch *maíz* vermittelt.

Makkaroni

Die seit 1800 bezeugte Bezeichnung der Röhrennudeln stammt aus dem Italienischen, und zwar aus einer Mundartform *maccarone* (Plural: *maccaroni*) von italienisch *maccherone (-oni)* »Röhrennudel«, älter auch »Kloß, Pfannkuchen«. Man vermutet die Herkunft aus griechisch *makaría* »Glückseligkeit«, einer den Göttern geopferten Speise. ♦ Auf die gleiche Quelle geht mit veränderter Bedeutung das Wort **Makrone** »Gebäck aus Mandeln, Zucker und Eiweiß« zurück, das im 17. Jahrhundert durch französisch *macaron* »Makrone« vermittelt wurde.

Makrele

Die schon seit dem 14. Jahrhundert bezeugte Bezeichnung des Speisefischs (mittelhochdeutsch *macrēl*) ist aus mittelniederländisch *mak(e)reel* (= niederländisch *makreel*) entlehnt. Das Wort erscheint auch in anderen europäischen Sprachen (so zum Beispiel französisch *maquereau*, englisch *mackerel*). Seine Herkunft ist nicht gesichert. Wahrscheinlich hängt es mit mittelniederländisch *makelare* »Vermittler« (*makeln*) zusammen.

Nach dem Volksglauben folgt die Makrele dem Junghering und bringt die Weibchen mit den Männchen zusammen; die Bezeichnung ist aber vermutlich volksetymologisch.

Mandarine

Die Bezeichnung der apfelsinenähnlichen Zitrusfrucht wurde im 19. Jahrhundert aus französisch *mandarine* entlehnt, das wiederum aus spanisch *(naranja) mandarina*, eigentlich wohl »Mandarinenorange« (zu *Mandarin*, der europäischen Bezeichnung hoher chinesischer Staatsbeamter), stammt. Die Bezeichnung bezieht sich vielleicht darauf, dass die Mandarine als eine besonders auserlesene Apfelsinenart gilt und ihre gelbe Farbe der Farbe der Staatstracht des chinesischen Mandarins gleicht.

Margarine

»der Butter ähnliches Speisefett (aus tierischen und pflanzlichen oder rein pflanzlichen Fetten)«: Das Substantiv wurde im 19. Jahrhundert aus gleichbedeutend französisch *margarine* entlehnt. Dies ist eine gelehrte Bildung des französischen Chemikers EUGÈNE CHEVREUL (1786–1889) zu französisch *acide margarique* »perlfarbene Säure«, der von griechisch *márgaron* »Perle« abgeleiteten Bezeichnung einer Säure, die angeblich in der Zusammensetzung der Margarine eine Rolle spielt, und der Endung *-ine* aus französisch *glycérine* »Glyzerin«.

marinieren

»(Fische) in Würztunke einlegen«: Das Verb wurde im 17. Jahrhundert aus gleichbedeutend französisch *mariner* (= italienisch *marinare*) entlehnt. Dies gehört als Ableitung zu französisch *marin* »das Meer, die See betreffend« (es besteht ein Zusammenhang zu *Marine*) und bedeutet eigentlich »in Meerwasser

(= Salzwasser) einlegen«. ♦ Dazu: **Marinade** »Würztunke (zum Einlegen von Fischen)«, um 1700 aus gleichbedeutend französisch *marinade*.

Marmelade

»mit Zucker eingekochtes Fruchtmark, Fruchtmus«: Das Substantiv wurde um 1600 in der Bedeutung »Quittenmus« aus portugiesisch *marmelada* »Quittenmus« beziehungsweise aus darauf beruhendem französischen *marmelade* entlehnt, das aus portugiesisch *marmelo* »Honigapfel, Quitte« abgeleitet ist. Dies geht auf gleichbedeutend lateinisch *melimēlum* zurück, das seinerseits aus griechisch *melímēlon* stammt (zu griechisch *méli* »Honig«, vergleiche auch ☞ Melisse, und griechisch *mēlon* »Apfel«, vergleiche ☞ Melone).

Marzipan

Die seit dem 15. Jahrhundert bezeugte Bezeichnung der aus Mandeln, Aromastoffen und Zucker hergestellten Süßware ist aus italienisch *marzapane* »Marzipan« entlehnt. Die weitere Herkunft des auch in anderen romanischen Sprachen vertretenen Wortes ist unklar. Vielleicht geht es auf arabisch *mauṭabān* »sitzender König« zurück, den Namen einer Münze mit dem thronenden Christus, die in der Zeit der Kreuzzüge in Umlauf war. Die Venezianer ahmten um 1200 diese Münze nach und bezeichneten sie mit *mat(t)apan*. Mit diesem Wort wurde dann auch eine 10-prozentige Abgabe und eine Schachtel oder Kiste mit einem Rauminhalt von $^1/_{10}$ Scheffel bezeichnet, und in diesen Schachteln oder Kisten kam das Marzipan von Venedig aus in den Handel. Im Deutschen wurde italienisch *marzapane*, weil das Marzipan aus Venedig kam, volksetymologisch als *Marci panis* »Markusbrot« gedeutet.

Mast

»Mästung; Futter zur Mästung«: Das westgermanische Wort mittelhochdeutsch, althochdeutsch *mast*, niederländisch *mast*, englisch *mast* gehört wohl mit verwandten Wörtern in anderen indogermanischen Sprachen zu der Wurzel **mad-* »von Feuchtigkeit oder Fett triefend, saftig, strotzend«, vergleiche zum Beispiel altindisch *mēdas-* »Fett«, *mēdana-m* »Mästung« und lateinisch *madēre* »nass sein, triefen, reifen«. Aus dem germanischen Sprachbereich gehört zu dieser Wurzel auch das Substantiv **mat-* »Speise, Essen«, das im Deutschen bewahrt ist in *Maat* (wohl eigentlich »Speise-, Essensgenosse«), ☞ Mettwurst (eigentlich »Fleischwurst«), ☞ Messer (eigentlich »Speiseschwert«) und in *Maßliebchen* (eigentlich »Esslust«). Im Ablaut dazu steht die germanische Wortgruppe um *Mus* (aus **mādso* »Brei, Speise«). ♦ Ableitung: **mästen** »fett machen, reichlich füttern« (mittelhochdeutsch, althochdeutsch *mesten*).

Matjeshering

»junger, mild gesalzener Hering«: Das Wort wurde im 18. Jahrhundert aus niederländisch *maatjesharing* entlehnt, das umgebildet ist aus älterem *maagdekens haering* »Mädchenhering« (das ist junger Hering ohne Rogen oder Milch).

Mayonnaise

Die Bezeichnung für eine pikante, aus Eigelb, Öl, Salz und Essig hergestellte Tunke wurde im 19. Jahrhundert aus gleichbedeutend französisch *mayonnaise*, älter *mahonaise* entlehnt. Die weitere Herkunft des französischen Wortes ist unklar. Vielleicht gehört es zu französisch *mahonais* »aus Mahón« (Stadt auf der Insel Menorca).

Meerrettich

Die seit dem 10. Jahrhundert bezeugte Pflanzenbezeichnung (althochdeutsch *mer[i]retih*, mittelhochdeutsch *merretich*) enthält als ersten Bestandteil vermutlich einen Hinweis auf die Herkunft: *armoracea* »die Bretonische«, weil dort der Meerrettich gut gedeiht. Später wurde der Ausdruck umgedeutet zu »Rettich, der über das Meer zu uns gebracht worden ist« (vergleiche *Meerkatze* und *Meerschweinchen*).

Melisse

Die Bezeichnung der nach Zitronen duftenden, besonders im Mittelmeergebiet angebauten Heil- und Gewürzpflanze, in deutschen Texten bereit seit dem Anfang des 16. Jahrhunderts bezeugt, stammt aus mittellateinisch *melissa*, einer gelehrten Ableitung von griechisch-lateinisch *melissó-phyllon* »Bienenblatt, Bienenkraut«. Das Bestimmungswort, griechisch *mélissa* (attisch *mélitta*) »Biene«, gehört zu griechisch *méli* »Honig« (die Biene ist als »Honigtier« benannt). Damit urverwandt ist unter anderem lateinisch *mel (mellis)* »Honig«. Als Bestimmungswort erscheint griechisch *méli* noch in griechisch *melímēlon* »Honigapfel«, das die Quelle für ☞ Marmelade ist.

melken

Das germanische Verb mittelhochdeutsch *melken*, althochdeutsch *melkan*, niederländisch *melken*, englisch *to milk* gehört mit verwandten Wörtern in anderen indogermanischen Sprachen zu der Wurzel **melĝ-* »melken«, älter wohl »abstreifen, wischen«. Im germanischen Sprachraum gruppieren sich um dieses Verb die Bildungen ☞ Molke und ☞ Milch. Außergermanisch sind u. a. verwandt griechisch *amélgein* »melken«, lateinisch *mulgēre* »melken« und litauisch *mélžti* »melken«.

Melone

Die Bezeichnung des in zahlreichen Arten angepflanzten Kürbisgewächses, in deutschen Texten seit dem 15. Jahrhundert bezeugt, ist aus italienisch *mellone* (französisch *melon*) entlehnt. Dies geht auf lateinisch *melō (melōnis)* zurück, eine Kurzform von lateinisch *melōpēpo* »apfelförmige Melone, die erst vollreif genossen wird«, das seinerseits aus gleichbedeutend griechisch *mēlo-pépōn* (wörtliche Bedeutung »reifer Apfel«) entlehnt ist. Dessen Bestimmungswort griechisch *mēlon* »Apfel« erscheint als Grundwort in griechisch *melí-mēlon* »Honigapfel, Quitte«, das die Quelle ist für ☞ Marmelade.

Mensa

Die Bezeichnung für eine restaurantähnliche Einrichtung in Hochschulen und Universitäten ist eine junge Kurzform für *Mēnsa acadēmica* »akademischer Mittagstisch«. Erster Bestandteil der Fügung ist lateinisch *mēnsa* »Tisch, Tafel; das Speisen«.

Menü

Die Bezeichnung für »Speisenfolge; aus mehreren Gängen bestehende Mahlzeit« wurde Mitte des 19. Jahrhunderts aus gleichbedeutend französisch *menu* entlehnt. Dies ist aus dem französischen Adjektiv *menu* »klein, dünn« substantiviert und bedeutet eigentlich »Kleinigkeit; Detail«, dann »detaillierte Aufzählung der einzelnen zu einem Mahl gehörenden Gerichte; Speisenfolge; Mahlzeit«. Französisch *menu* geht zurück auf lateinisch *minūtus* »vermindert; sehr klein«, das Partizipialadjektiv von lateinisch *minuere* »verkleinern, vermindern« (vergleiche dazu auch *minus*). ♦ Die Verwendung von *Menü* in der Datenverarbeitung im Sinne von »auf dem Bildschirm angebotene Programmauswahl« wurde in der 2. Hälfte des

20. Jahrhunderts aus gleichbedeutend englisch *menu* (◂ französisch *menu*) übernommen.

Messe

Die Bezeichnung der Tischgenossenschaft von Offizieren an Bord eines Schiffes bzw. ihres gemeinsamen Speiseraumes, in deutschen Texten seit dem 19. Jahrhundert bezeugt, stammt aus englisch *mess*, das eigentlich »Gericht, Speise, Mahlzeit« bedeutet. Dies geht über altfranzösisch *mes* (= französisch *mets*) »Gericht, Speise« auf vulgärlateinisch *missum* »(aus der Küche) Geschicktes, zu Tisch Aufgetragenes« zurück (zu lateinisch *mittere* »schicken, senden usw.«; vergleiche dazu *Mission*).

Messer

Die Bezeichnung für das zum Schneiden dienende Tischgerät und Werkzeug ist eine ihrer Herkunft nach unklare Zusammensetzung, die eigentlich »Speiseschwert« bedeutet. Die westgermanische Bildung mittelhochdeutsch *meʒʒer*, althochdeutsch *meʒʒisahs*, niederländisch *mes*, altenglisch *meteseax* enthält als ersten Bestandteil das germanische Substantiv **mat(i)-* »Essen, Speise«. Das Grundwort ist das im Neuhochdeutschen untergegangene gemeingermanische Substantiv mittelhochdeutsch, althochdeutsch *sahs*, altenglisch *seax*, altisländisch *sax* »(kurzes) Schwert, Messer«. Dieses bedeutet eigentlich »Gerät zum Schneiden« und ist mit lateinisch *saxum* »Stein, Fels« (etwa »Abgesplittertes«) verwandt (vergleiche *Säge*). Es ist auch in dem Namen der Sachsen bewahrt.

Met

Das gemeingermanische Wort für das aus vergorenem Honig zubereitete alkoholische Getränk (mittelhochdeutsch *met[e]*, althochdeutsch *metu*, niederländisch *mede*, englisch *mead*, schwedisch *mjöd*) beruht mit Entsprechungen in den meisten anderen indogermanischen Sprachen auf indogermanisch **medhu-* »Honig; Honigwein«. Verwandt sind zum Beispiel altindisch *mádhu-* »Honig; berauschendes Getränk«, griechisch *méthy* »Rauschtrank, Wein« und russisch *mlëd* »Honig; Met«. ♦ Der Met ist das älteste bekannte alkoholische Getränk der Indogermanen. Er wurde ursprünglich wohl als Rauschtrank bei kultischen Festen getrunken. Die Bereitung ging von der Beobachtung des Gärvorgangs beim wilden Honig aus.

Mettwurst

Die bereits seit dem 16. Jahrhundert bezeugte Bezeichnung für »Streichwurst aus gehacktem Schweinefleisch« stammt aus dem Niederdeutschen (vergleiche dazu mittelniederdeutsch *metworst*). Das Bestimmungswort niederdeutsch *mett*, mittelniederdeutsch *met* »(gehacktes) Schweinefleisch ohne Speck« geht zurück auf altsächsisch *meti* »Speise«, das mit mittelhochdeutsch, althochdeutsch *maȝ* »Speise« und englisch *meat* »Fleisch« auf germanisch **mat(i)-* »Essen, Speise« beruht (vergleiche ☞ Mast).

Metzger

Der landschaftliche Ausdruck für »Fleischer« geht auf gleichbedeutend mittelhochdeutsch *metzjer,-ære* zurück, das vermutlich aus mittellateinisch *matiārius* »Fleischer, der Würste herstellt; jemand, der mit Därmen handelt« entlehnt ist. Das mittellateinische Substantiv gehört zu lateinisch *matia, mattea* »Darm; Wurst; eine Art Leckerbissen«, das seinerseits aus griechisch *mattýē* »eine Art Leckerbissen« (eigentlich »Geknetetes«) entlehnt ist.

Miesmuschel

Die Bezeichnung der Muschelart, die sich – oft zahlreich – an Pfählen und Steinen festsetzt, ist seit dem 18. Jahrhundert bezeugt und bedeutet eigentlich »Moosmuschel«. Das Substantiv (landschaftlich *Mies*, mittelhochdeutsch *mies*, althochdeutsch *mios* »Moos«) steht im Ablaut zu *Moos*.

Milch

Das gemeingermanische Wort mittelhochdeutsch *milch*, althochdeutsch *miluh*, gotisch *miluks*, englisch *milk*, schwedisch *mjölk* gehört sachlich und semantisch zu dem unter ☞ melken behandelten Verb, die lautlichen Zusammenhänge sind aber unklar. Vielleicht eine alte Entlehnung, die sekundär an *melken* angeschlossen wurde.

Mirabelle

Die seit dem 19. Jahrhundert bezeugte Bezeichnung der kleinfruchtigen, süßen Pflaumenart ist aus französisch *mirabelle* entlehnt, das auf italienisch *mirabella* zurückgeht. Ausgangspunkt ist wohl das griechische Wort *myrobálanos* »Gewürzeichel«, auf das der flämische Botaniker MATHIEU LOBELIUS im 16. Jahrhundert zur Bezeichnung zurückgriff.

Mohn

Die Bezeichnung der alten Kulturpflanze (mittelhochdeutsch *mān, māhen*, althochdeutsch *mago*) hängt zusammen mit griechisch *mḗkōn* »Mohn« und mit der slawischen Wortgruppe um russisch *mak* »Mohn«. Der den Germanen, Slawen und Griechen gemeinsame Ausdruck ist wahrscheinlich in sehr alter Zeit aus einer Mittelmeersprache entlehnt worden. Die Mohnpflanze stammt aus dem Mittelmeergebiet. ♦ Im germanischen

Sprachbereich ist die Bezeichnung außer im Deutschen auch bewahrt in niederländisch *maankop* »Mohnkopf« und in schwedisch *vallmo* »Mohn« (eigentlich »Rauschmohn«).

Möhre

Die westgermanische Pflanzenbezeichnung mittelhochdeutsch *morhe*, althochdeutsch *mor(a)ha*, mittelniederländisch *more*, altenglisch *more* ist verwandt mit der slawischen Wortgruppe um russisch *morkov'* »Möhre« und mit griechisch *brákana* (Plural) »wildes Gemüse«. Welche Vorstellung diesem den Germanen, Slawen und Griechen gemeinsamen Ausdruck zugrunde liegt, ist unklar.

Mokka

Die Bezeichnung für »Kaffee einer besonders aromatischen Sorte mit kleinen halbkugelförmigen Bohnen; sehr starker (aus Mokkabohnen zubereiteter) Kaffee« wurde im 18. Jahrhundert aus französisch *moka* übernommen. Dies geht auf *Mokka* (arabisch *Al-Muḫā*), den Namen einer jemenitischen Hafenstadt, zurück. Diese Stadt war früher der Hauptausfuhrhafen für Mokkabohnen.

Molke, Molken

»Käsewasser«: Das westgermanische Wort mittelhochdeutsch *molken*, altsächsisch, altfriesisch *molken*, altenglisch *molcen* ist eine Bildung zu dem unter ☞melken behandelten Verb und bedeutet demnach eigentlich »Gemolkenes«. Noch in mittelhochdeutscher Zeit wurde das Wort im alten Sinne von »Milch; aus Milch Bereitetes (Butter, Käse)« verwendet. An diese Bedeutung schließt sich die seit dem 19. Jahrhundert bezeugte Bildung **Molkerei** »Milchwirtschaft« an.

Most

»unvergorener Frucht-, besonders Traubensaft«, daneben in Süddeutschland und in der Schweiz auch für »Obstwein«: Das westgermanische Substantiv (mittelhochdeutsch, althochdeutsch *most* »frisch gekelterter Traubensaft; Obstwein«, niederländisch *most*, englisch *must*) gehört zu einer Reihe von lateinisch-romanischen Lehnwörtern auf dem Gebiet des Weinbaus (vergleiche zum Kulturgeschichtlichen ☞ Wein), die früh ins Germanische gelangten. Quelle des Wortes ist lateinisch *(vīnum) mustum* »junger Wein; Most« (zu lateinisch *mustus* »jung, frisch, neu«). Gleicher Herkunft sind zum Beispiel auch entsprechend italienisch *mosto* und französisch *moût* »Most«. ♦ Eine romanische Ableitung von lateinisch *mustum* »Most« begegnet uns in den romanischen Wörtern für den aus zerriebenen Senfkörnern und prickelndem Most (später Weinessig) hergestellten »Senf«, italienisch *mostarda*, spanisch *mostaza* und französisch *moutarde*. Letzteres (altfranzösisch *mostarde*) lieferte dann die im Deutschen landschaftlich gebräuchlichen Bezeichnungen für »Senf«, nordwestdeutsch **Mostert** und nordostdeutsch **Mostrich** (schon mittelhochdeutsch *mostert*, *musthart*) mit dem Namenelement *-rich* für *-hart*.

Muckefuck

Der seit dem Ende des 19. Jahrhunderts, zuerst im rheinisch-westfälischen Raum bezeugte umgangssprachliche Ausdruck für »dünner Kaffee« ist kaum, wie früher angenommen, aus französisch *mocca faux* »falscher Mokka« eingedeutscht, sondern aus rheinisch *Mucken* »braune Stauberde, verwestes Holz« und rheinisch *fuck* »faul« gebildet, vielleicht unter Einfluss des französischen Wortes.

Muschel

Die Bezeichnung des Schalentieres mittelhochdeutsch *muschel,* althochdeutsch *muscula* (englisch *mussel* »Muschel«) beruht auf einer Entlehnung aus vulgärlateinisch-romanisch * *muscula,* das für lateinisch *mūsculus* »Miesmuschel« steht. Das lateinische Wort ist letztlich identisch mit lateinisch *mūsculus* »Mäuschen; Muskel«. Die Bedeutungsübertragung von »Mäuschen« auf »Miesmuschel« resultiert wohl aus einem Vergleich der Muschel mit Form und Farbe einer Maus.

Muskat

Die Bezeichnung für die als Gewürz verwendeten Samenkerne des auf den Molukken beheimateten, jetzt in den Tropen weitverbreiteten Muskatnussbaumes (mittelhochdeutsch *muscāt* »Muskatnuss«) ist aus altfranzösisch *muscate,* das auf mittellateinisch *(nux) muscata* »Muskatnuss« zurückgeht, entlehnt. Das Wort gehört zu mittellateinisch *muscatus* »nach Moschus duftend«.

N

naschen

»Süßigkeiten genießerisch verzehren«: Das in deutschen und nordischen Sprachen gebräuchliche Verb (mittelhochdeutsch *naschen*, althochdeutsch *naskōn*, dänisch *naske*, schwedisch mundartlich *naska*) bedeutete ursprünglich »knabbern« und gehört zur Wortgruppe um *nagen*.

nüchtern

Das Adjektiv mittelhochdeutsch *nüchtern*, althochdeutsch *nuohturn, nuohtarnīn* war ursprünglich ein Klosterwort und bedeutete »noch nichts gegessen oder getrunken habend«. Der erste Gottesdienst in den Klöstern wurde in der Frühe vor der Einnahme der Morgenmahlzeit abgehalten. Althochdeutsch *nuohturn* ist aus lateinisch *nocturnus* »nächtlich« entlehnt und nach althochdeutsch *uohta* »Morgendämmerung« umgestaltet. Bereits seit mittelhochdeutscher Zeit ist das Adjektiv auch Gegenwort zu *betrunken*. Dazu *ausnüchtern* »sich vom Zustand der Trunkenheit erholen« (17. Jahrhundert).

Nudel

»Eierteigware«: Die Herkunft des erst seit dem 16. Jahrhundert bezeugten Wortes ist unklar; vielleicht geht es auf grödnerisch *menùdli* » Teigplätzchen in der Suppe« zurück, das zu lateinisch *minūtulus* »winzig, zerkleinert« gehört. Das deutsche Wort wurde in zahlreiche europäische Sprachen entlehnt, vergleiche zum Beispiel englisch *noodle*, schwedisch *nudel*, französisch *nouille*.

Nugat

Die im Deutschen erst seit dem 19. Jahrhundert gebräuchliche Bezeichnung der aus Zucker und Nüssen oder Mandeln hergestellten Süßware ist aus französisch *nougat* entlehnt. Dies geht über altprovenzalisch *nogat* »Nusskuchen« auf vulgärlateinisch **nucatum* »aus Nüssen Bereitetes« zurück. Stammwort ist lateinisch *nux* »Nuss« (vergleiche *nuklear*).

Nuss

Das gemeingermanische Wort mittelhochdeutsch *nuȝ*, althochdeutsch *(h)nuȝ*, niederländisch *noot*, englisch *nut*, schwedisch *nöt* ist verwandt mit lateinisch *nux* »Nuss« (☞ Nugat) und mit der keltischen Wortgruppe um irisch *cnū* »Nuss«. Das Wort bezeichnete ursprünglich die Haselnuss, dann auch die Walnuss und die hartschaligen Früchte anderer Gewächse, vergleiche die Zusammensetzungen *Erd-*, *Kokos-*, *Muskat-*, *Paranuss*.

—‹‹‹ Π ›››—

Oblate

Das kirchensprachliche Substantiv (mittelhochdeutsch *oblāte*, althochdeutsch *oblāta*) bezeichnete ursprünglich das als Hostie gereichte Abendmahlsbrot. Seit dem 13. Jahrhundert spielt das Wort auch im weltlichen Bereich eine Rolle mit der Bedeutung »feines Backwerk«. Im heutigen Sprachgebrauch versteht man unter *Oblate* vorwiegend eine sehr dünne Weizenmehlscheibe als Gebäckunterlage. Quelle des Wortes ist mittellateinisch *oblata (hostia)* »als Opfer dargebrachtes Abendmahlsbrot«. Dies geht zurück auf lateinisch *oblātus* »entgegen-, dargebracht«, das als Partizip Perfekt von lateinisch *offerre* »entgegenbringen, darreichen; anbieten« fungiert.

Obst

Das westgermanische Wort ist eine verdunkelte Zusammensetzung und bedeutet eigentlich »Zukost«. Mittelhochdeutsch *obeʒ*, althochdeutsch *obaʒ*, niederländisch *ooft*, altenglisch *ofet(t)* sind zusammengesetzt aus der Präposition *ob* und einer

Bildung zu dem unter ☞ essen behandelten Verb mit der Bedeutung »Essen, Speise«. Das Wort bezeichnete in alter Zeit alles das, was außer den Hauptnahrungsmitteln Brot und Fleisch während einer Mahlzeit gegessen wurde, also auch Hülsenfrüchte, Gemüse oder dergleichen

Öl

Das westgermanische Wort mittelhochdeutsch *öl(e)*, althochdeutsch *oli*, niederländisch *olie*, altenglisch *œle* bezeichnete ursprünglich primär das Olivenöl. Die Quelle des westgermanischen Substantivs ist lateinisch *oleum* »Olivenöl; Öl«, das seinerseits aus gleichbedeutend griechisch *élaion* entlehnt ist. Das griechisch-lateinische Wort lebt auch in fast allen anderen europäischen Sprachen fort. Vergleiche zum Beispiel aus den romanischen Sprachen gleichbedeutend italienisch *olio*, spanisch *óleo* und französisch *huile* (altfranzösisch *olie, oile*), aus den nordgermanischen Sprachen zum Beispiel schwedisch *olja* und älter dänisch *olje*, heute: *olie* (die unmittelbar wohl aus dem Mittelniederdeutschen oder Altfriesischen stammen), ferner aus den slawischen Sprachen zum Beispiel polnisch *olej*.

Olive

Die seit Beginn des 16. Jahrhunderts bezeugte Bezeichnung für die Früchte des Ölbaumes (vergleiche mittelhochdeutsch *olīve* »Ölbaum«), aus denen das Olivenöl gewonnen wird, ist aus lateinisch *olīva* »Ölbaum; Olive« entlehnt, das seinerseits aus gleichbedeutend griechisch *elaíā* übernommen ist. Das Wort stammt letztlich wohl aus einer unbekannten Mittelmeersprache. ♦ Der Ölbaum ist von alters her eine der wichtigsten Kulturpflanzen des Mittelmeergebietes. Das aus den Oliven hergestellte Olivenöl gehörte im Altertum (wie auch heute in den südlichen Ländern) als Speiseöl, Salböl usw. zum täglichen Lebensbedarf. So ist es nicht verwunderlich, dass die griechische Bezeichnung für das Olivenöl über das Lateinische in fast alle europäischen Kultursprachen gelangte (vergleiche ☞ Öl).

Omelett

Die Bezeichnung für »Eierkuchen« wurde schon Anfang des 18. Jahrhunderts aus gleichbedeutend französisch *omelette* entlehnt, dem altfranzösisch *alumette*, lateinisch *lamella* »Scheibe« vorausgehen. Lateinisch *ovum* »Ei« hat vermutlich volksetymologisch eingewirkt.

Orange

Die Bezeichnung der Südfrucht wurde im 17. Jahrhundert aus gleichbedeutend französisch *orange* (älter auch: *pomme d'orange*) entlehnt. Die frühesten Belege im deutschen Sprachraum stammen aus Norddeutschland, wo durch Vermittlung von niederländisch *oranjeappel* im 17. Jahrhundert *Oranienapfel* erscheint. In Süddeutschland begegnet dafür etwas später die Zusammensetzung *Orangenapfel* (nach französisch *pomme d'orange*). ♦ Quelle des französischen Wortes, wie auch für italienisch *arancia*, ist arabisch *nāranǧ* (◂ persisch *nārinǧ*) »bittere Orange«, das den europäischen Sprachen durch gleichbedeutend spanisch *naranja* vermittelt wurde. Das anlautende o von französisch *orange* (gegenüber dem in den anderen Sprachen bewahrten ursprünglichen a) beruht wahrscheinlich auf einer volksetymologischen Umdeutung des Wortes (vielleicht nach französisch *or* »Gold« wegen des goldgelben Aussehens der Früchte).

Palatschinken

Der österreichische Ausdruck für »dünner, zusammengerollter und gefüllter Eierkuchen« ist aus gleichbedeutend tschechisch *palačinka* entlehnt, das über ungarisch *palacsinta* und rumänisch *plăcintă* auf lateinisch *placenta* »flacher Kuchen« zurückgeht. ♦ Lateinisch *placenta* »flacher Kuchen« wurde zuvor von römischen Soldaten im Donauraum eingeführt.

Pampelmuse

Die Bezeichnung der größten Zitrusfrucht wurde Anfang des 18. Jahrhunderts, unter Einfluss von französisch *pamplemousse*, aus niederländisch *pompelmoes* entlehnt. Dies geht auf Tamil (Sprache in Vorderindien) *bambolmas* zurück.

panieren

»in geschlagenes Eigelb oder Milch tauchen und mit Semmelbröseln bestreuen«: Das Verb wurde im 18. Jahrhundert aus französisch *paner* »mit geriebenem Brot bestreuen« entlehnt, einer Ableitung von französisch *pain* »Brot«. Dies geht zurück auf lateinisch *pānis* »Brot« (wohl als **pa-st-nis* »Nahrung« zu lateinisch *pāscere* »weiden lassen; füttern«; es besteht ein Zusammenhang zu *Pastor*).

Paprika

Die Bezeichnung der Gemüsepflanze und des daraus gewonnenen Gewürzes wurde im 19. Jahrhundert durch ungarische Vermittlung aus serbisch *pàprika* entlehnt. Dies gehört zu serbisch *pàpar* »Pfeffer«, das wie deutsch ☞ Pfeffer aus gleichbedeutend lateinisch *piper* stammt.

Pasta

Der Ausdruck wurde im Deutschen zunächst synonym mit ☞ Paste gebraucht; vergleiche zum Beispiel *Zahnpasta*. Seit der 2. Hälfte des 20. Jahrhunderts ist er im Zuge der Bekanntschaft mit der italienischen Esskultur im Sinne von »italienisches Nudelgericht« gebräuchlich. In dieser Bedeutung handelt es sich um eine Entlehnung aus gleichbedeutend italienisch *pasta*. Zur weiteren Herkunft vergleiche ☞ Paste.

Paste

»streichbare Masse; Teigmasse (als Grundlage für Arzneien und kosmetische Mittel)«: Das Wort wurde im 15. Jahrhundert (frühneuhochdeutsch *pasten*) aus mittellateinisch *pasta* »Teig« entlehnt und geriet dann unter den Einfluss von gleichbedeutend italienisch *pasta*. Es geht zurück auf griechisch *pástē* »Mehlteig, Brei«, das zu griechisch *pássein* »streuen, besprengen« gehört und demnach eigentlich »Gestreutes« bedeutet. ♦ Dazu stellen sich ☞ Pasta und ☞ Pastete.

Pastete

»Fleisch-, Fisch- oder Gemüsespeise in (Blätter)teighülle«: Das seit dem 14. Jahrhundert bezeugte Wort (mittelhochdeutsch *pasteden*) stammt wahrscheinlich aus gleichbedeutend mittelniederländisch *paste(i)de*, das seinerseits auf altfranzösisch *pastee* »Teig, Brei« (◂ mittellateinisch *pasta*; vergleiche ☞ Paste) zurückgeht.

Pelle

Das vorwiegend in Norddeutschland, aber auch sonst in der Umgangssprache weitverbreitete Substantiv für »dünne Haut, Wursthaut, Schale« geht auf mittelniederdeutsch (= mittelniederländisch) *pelle* »Schale« zurück. Quelle des Wortes ist das mit deutsch *Fell* urverwandte Substantiv lateinisch *pellis* »Fell, Pelz; Haut«. ♦ Auf einer mittellateinischen Ableitung von lateinisch *pellis* beruht das Lehnwort *Pelz*.

Pfanne

Das gemeingermanische Wort mittelhochdeutsch *pfanne*, althochdeutsch *phanna*, niederländisch *pan*, englisch *pan*, schwedisch *panna* ist eine frühe Entlehnung aus vulgärlateinisch *panna*, das auf lateinisch *patina* »Schüssel, Pfanne« beruht. Das lateinische Wort ist aus griechisch *patánē* »Schüssel« entlehnt.

Pfeffer

Die westgermanische Bezeichnung des in Ostasien beheimateten Gewürzstrauches, dessen Früchte halb reif den schwarzen Pfeffer und reif den weißen Pfeffer liefern (mittelhochdeutsch *pfeffer*, althochdeutsch *pfeffar*, niederländisch *peper*, englisch *pepper*), beruht auf einer frühen Entlehnung aus gleichbedeutend lateinisch *piper*, das seinerseits aus gleichbedeutend griechisch *péperi* entlehnt ist. Dies stammt letztlich aus altindisch *pippalī* »Beere; Pfefferkorn«, das durch persische Vermittlung zu den Griechen gelangte. ♦ Zusammensetzungen: **Pfefferkuchen** »stark gewürzter Honigkuchen« (15. Jahrhundert); **Pfeffersack** »Großkaufmann, (reicher) Geschäftsmann« (16. Jahrhundert, eigentlich »Sack mit Pfefferkörnern«, dann spöttisch für den Kaufmann, der damit handelt und durch den Pfefferhandel reich geworden ist). ♦ Vergleiche auch ☞ Pfifferling und ☞ Paprika.

Pfeffer ¶ jemanden dahin wünschen, wo der Pfeffer wächst
»jemanden weit weg wünschen« ♦ Diese Wendung bezieht sich auf das Herkunftsland des Pfeffers, Indien, das für die Menschen früher in einer fast unerreichbaren Ferne lag.

Pfifferling

Die Bezeichnung des Speisepilzes, mittelhochdeutsch *pfefferlinc, pfifferling* (zuvor schon althochdeutsch *phiffera*), ist eine Bildung zu dem unter ☞ Pfeffer behandelten Wort. Der Pfifferling, zunächst wohl der Pfeffermilchling, ist also nach seinem pfefferähnlichen Geschmack bezeichnet.

Pfirsich

Die Heimat des Pfirsichbaumes ist Ostasien (vermutlich China). Von dort gelangte er in den Vorderen Orient und weiter nach Europa. Die Römer lernten den Baum von den Persern kennen und bezeichneten ihn deshalb als *arbor persica* »persischer Baum« oder einfach *persicus*. Entsprechend bezeichneten sie seine Frucht als *persicum (mālum)* »persischer (Apfel)«. Diese Bezeichnung und das dafür in der Volkssprache eingetretene vulgärlateinische *persica* wurde allgemein üblich; sie lebt nicht nur in den romanischen Sprachen fort (vergleiche zum Beispiel entsprechend italienisch *pesca* und französisch *pêche*), sondern wurde auch früh in die germanischen Sprachen entlehnt (vergleiche zum Beispiel entsprechend niederländisch *perzik*, altenglisch *persic*, *persoc* und schwedisch *persika*). Im Althochdeutschen ist das Wort im Kompositum *phersihboum* bezeugt.

picheln

Der seit dem 18. Jahrhundert gebräuchliche umgangssprachliche Ausdruck für »trinken, zechen« hat sich aus einem von *Pege* abgeleiteten Verb entwickelt, vergleiche niederdeutsch mundartlich *pegeln* »saufen, zechen«. Das Verb schließt sich an *Pegel* in dessen früher auch üblicher Verwendung im Sinne von »Merkzeichen an (Trink)gefäßen« an und bezieht sich darauf, dass man bei Gelagen nach Pegeln (das heißt nach diesen Eichzeichen) zu trinken pflegte.

Picknick

Der Ausdruck für »gemeinsame Mahlzeit im Grünen« wurde in der 1. Hälfte des 20. Jahrhunderts aus gleichbedeutend englisch *picnic* entlehnt, das seinerseits aus französisch *pique-nique* »gesellschaftliches Mahl in einem Wirtshaus; Feier, zu der jeder Speisen oder Ähnliches mitbringt« stammt. Das französische Wort war schon im 18. Jahrhundert ins Deutsche übernommen worden und bis ins 19. Jahrhundert in seiner ursprünglichen Bedeutung gebräuchlich. Französisch *pique-nique* ist vermutlich, wie zum Beispiel auch deutsch *Mischmasch* oder *Wirrwarr*, eine Reduplikationsbildung zu französisch *piquer* »picken; stechen«

oder eine Bildung aus französisch *piquer* »picken; stechen« und französisch *nique* »Nichtigkeit, Spötterei«.

pikant

»scharf (gewürzt); prickelnd, reizvoll; anzüglich«: Das Adjektiv wurde Ende des 17. Jahrhunderts aus gleichbedeutend französisch *piquant* entlehnt, dem adjektivisch gebrauchten Partizip Präsens von französisch *piquer* »stechen; anstacheln, reizen, aufreizen usw.« (vergleiche *pikiert*).

Pikkolo

Die im 19. Jahrhundert aufkommende Bezeichnung für den »Kellnerlehrling« geht auf italienisch *piccolo* »klein« zurück. Der Pikkolo ist also eigentlich »der Kleine«. ♦ Gleichen Ausgangspunkt haben **Pikkolo,** das als Kurzform für *Pikkoloflöte* »kleine Querflöte in C oder Des« (19. Jahrhundert; nach italienisch *flauto piccolo*) steht, und **Pikkolo,** das umgangssprachlich kurz für *Pikkoloflasche* »kleine Sektflasche« verwendet wird.

Pökel

Das im 17. Jahrhundert aus dem Niederdeutschen ins Hochdeutsche übernommene Wort geht auf gleichbedeutend mittelniederdeutsch *pekel* zurück, das mit niederländisch *pekel* »Salzlake« und englisch *pickle* »Salzlake« verwandt ist. Die weiteren Beziehungen sind unklar. Im heutigen Sprachgebrauch ist *Pökel* gewöhnlich nur noch als Bestimmungswort in Zusammensetzungen üblich, vergleiche *Pökelfleisch* und *Pökelhering*.

Praline

Die seit dem 19. Jahrhundert gebräuchliche Bezeichnung für die mit verschiedenen Füllungen hergestellte Süßigkeit ist aus französisch *praline* »gebrannte Mandel (in Schokolade)« entlehnt. Das Wort ist angeblich vom Namen von César Gabriel de Choiseul, Graf von Plessis-Praslin, abgeleitet, dessen Küchenmeister diese Süßigkeit erfunden haben soll.

Preiselbeere

Das Bestimmungswort dieser Zusammensetzung ist aus alttschechisch *bruslina* »Preiselbeere« entlehnt, vergleiche dazu auch tschechisch *brusinka*, polnisch *brusznica*, russisch *brusnika* »Preiselbeere«. Die slawischen Bezeichnungen der Frucht des Heidekrautgewächses gehören zu der slawischen Wortgruppe um russisch-kirchenslawisch *(o)brusiti* »streifen, streichen; wetzen«. Die Beere wurde demnach so bezeichnet, weil sie sich leicht abstreifen lässt.

Printe

Die seit dem 19. Jahrhundert bezeugte Bezeichnung des pfefferkuchenartigen Gebäcks ist aus dem Niederländischen entlehnt. Niederländisch *prent* bedeutet ursprünglich »Abdruck, Aufdruck« (zu altfranzösisch *preindre* ◂ lateinisch *premere* »[ab-, auf]drücken«; es besteht ein Zusammenhang zu *Presse* und auch englisch *to print* »drucken«) und erst sekundär »Pfefferkuchen«. Der Ausdruck bezieht sich vermutlich darauf, dass dem Gebäck vielfach (Heiligen)figuren aufgedrückt sind.

prosit

»wohl bekomm's«: Die schon seit dem 16. Jahrhundert bezeugte lateinische Wunschformel ist bei sehr verschiedenen Anlässen üblich, etwa beim Zutrunk sowie zur Einleitung eines neuen Jahres *(prosit Neujahr!)*. In die Allgemeinsprache gelangte die Wunschformel wohl über die Studentensprache zu Beginn des

18. Jahrhunderts. Neben der vollen lateinischen Form (lateinisch *prōsit* ist 3. Person Singular Konjunktiv Präsens von lateinisch *prōdesse* »nützen, zuträglich sein« und bedeutet demnach »es möge nützen, zuträglich sein«) begegnet seitdem auch die heute geläufigere eingedeutschte Kurzform **prost**.

Proviant

»Wegzehrung; Verpflegung, Ration«: Quelle dieses Wortes ist kirchenlateinisch *praebenda* »das von Staats wegen zu Gewährende; Zehrgeld« (zu lateinisch *praebere* »darreichen, gewähren, überlassen«). Dies gelangte ins Deutsche im 14./15. Jahrhundert am Niederrhein als *profand* durch Vermittlung von altfranzösisch (= französisch) *provende* »Mundvorrat« und mittelniederländisch *provande*.

Pudding

»Süß-, Mehlspeise«: Das Wort wurde bereits Ende des 17. Jahrhunderts aus englisch *pudding* entlehnt, und zwar zuerst – dem Gebrauch des englischen Wortes entsprechend – als Bezeichnung für eine im Wasserbad gekochte Mehlspeise (oft mit Fleisch- oder Gemüseeinlagen). Das englische Wort geht vermutlich auf (alt)französisch *boudin* »Wurst« zurück. Weitere Zusammenhänge sind nicht gesichert.

Pumpernickel

Der seit dem 17. Jahrhundert bezeugte Ausdruck für »Schwarzbrot« war ursprünglich ein Schimpfwort für einen bäurischen, ungehobelten Menschen, das etwa mit »Furzheini« wiederzugeben ist. Das Schwarzbrot wurde wegen seiner blähenden Wirkung so bezeichnet. Das Bestimmungswort von *Pumpernickel* gehört zu älter neuhochdeutsch *pumpern* »furzen«,

Pumper »Furz«, das Grundwort ist Kurz- oder Koseform des Personennamens *Nikolaus*. ♦ Neben älter neuhochdeutsch *Pumper* wurden für die laute Blähung früher auch *Pumps* und *Pumpf* verwendet. Aus der letzteren Form hat sich **Pimpf** entwickelt, das eigentlich also »(kleiner) Furz« bedeutet, zunächst Schimpfwort war und um 1920 zur Bezeichnung der jüngsten Angehörigen in der Jugendbewegung, später in der »Hitlerjugend«, wurde.

Punsch

Die seit dem 17./18. Jahrhundert belegte Bezeichnung des alkoholischen Heißgetränkes, das wir mit den anderen Europäern von den Briten kennenlernten (englisch *punch*), ist vermutlich eine angloindische Fantasiebezeichnung zu Hindi *pāñč* »fünf«, nach den für einen echten Punsch notwendigen »fünf« Grundbestandteilen: Arrak, Zucker, Zitronensaft, Wasser (oder Tee) und Gewürz.

Püree

»Brei, breiförmige Speise«, besonders häufig in der Zusammensetzung *Kartoffelpüree*: Der Ausdruck wurde im frühen 18. Jahrhundert als Terminus der feinen französischen Kochkunst aus französisch *purée* »Brei aus Hülsenfrüchten; breiförmige Speise« entlehnt. Das französische Wort gehört zu altfranzösisch *purer* »reinigen; sieben; durchpassieren«, das auf spätlateinisch *pūrāre* »reinigen« zurückgeht (vergleiche *pur*).

—‹‹‹ P ›››—

Quitte

Die Bezeichnung des zu den Rosengewächsen gehörenden, in Transkaukasien beheimateten Baumes und seiner apfel- oder birnenförmigen Frucht (mittelhochdeutsch *quiten, küten,* althochdeutsch *quitina, kotana, kutin[n]a*) geht auf vulgärlateinisch *quidonea* bzw. *codonea* zurück, das für lateinisch *cydonea (mala)* »Quittenäpfel« (= lateinisch *cotōnea [māla]*) steht. Die lateinischen Wörter selbst beruhen auf gleichbedeutend griechisch *kydṓnia (mēla)*. Das Substantiv ist wohl kleinasiatischen Ursprungs und wurde im Griechischen volksetymologisch auf den Namen der antiken Stadt Kydōnía (auf Kreta) bezogen.

Radieschen

Die Bezeichnung der dem Rettich verwandten Pflanze ist eine Verkleinerungsbildung zu dem früher üblichen Maskulinum *Radies*, das Ende des 17. Jahrhunderts aus niederländisch *radijs* entlehnt wurde. Dies ist aus französisch *radis* übernommen, das seinerseits aus italienisch *radice* »Radieschen« stammt. Das italienische Wort bedeutet eigentlich »Wurzel« und geht auf lateinisch *rādix (radīcis)* »Wurzel« zurück. ♦ Gleichen Ursprungs (lateinisch *rādix*) ist auch ☞ Rettich.

Ragout

Die Bezeichnung für ein Gericht aus Fleisch-, Fisch- oder Geflügelstückchen in würziger Soße wurde im 17. Jahrhundert aus gleichbedeutend französisch *ragoût* entlehnt, einer Rückbildung aus französisch *ragoûter* »den Gaumen reizen, Appetit machen«, das seinerseits von französisch *goût* (◂ lateinisch *gūstus*) »Geschmack, Geschmackssinn« abgeleitet ist.

Ravioli

(Plural) »gefüllte Nudeltaschen«: Die Bezeichnung des italienischen Gerichts, das bei uns im 20. Jahrhundert bekannt wurde, ist aus gleichbedeutend italienisch *ravioli* entlehnt. Dies ist eine Bildung zu vulgärlateinisch-italienisch *rapa* »Rübe« bzw. zu entsprechend lombardisch *rava*. Sie bezieht sich darauf, dass man für die Füllung solcher Nudeltaschen ursprünglich vorwiegend Rüben verwendete.

Reis

Die Bezeichnung der alten – in den asiatischen Ländern wichtigsten – Kulturpflanze wurde in mittelhochdeutscher Zeit (mittelhochdeutsch *rīs*) aus gleichbedeutend mittellateinisch *risus (risum)* entlehnt. Dies geht auf lateinisch *oryza (oriza)* zurück, das aus griechisch *óryza* »Reis« übernommen ist. Das Wort stammt letztlich wohl aus einer südasiatischen Sprache und wurde den Griechen über Indien und Persien vermittelt; vergleiche dazu gleichbedeutend persisch *wrizey* aus altindisch *vrīhí-*.

Rhabarber

Die Bezeichnung der zu den Knöterichgewächsen gehörenden, in Asien beheimateten Nutz- und Zierpflanze wurde bereits im 16. Jahrhundert aus gleichbedeutend italienisch *rabarbaro* (daneben: *reubarbaro*) entlehnt. Das italienische Substantiv hat romanische Entsprechungen in französisch *rhubarbe* und in spanisch *ruibarbo*. Deren gemeinsame Quelle ist mittellateinisch *rheu barbarum (rha barbarum)*, das eigentlich »fremdländische Wurzel« bedeutet (zu spätlateinisch *r[h]eum* »Wurzel« [◂ griechisch *rhā, rhēon*] und griechisch-lateinisch *barbarus* »fremdländisch«).

Rosine

Die Bezeichnung für die kleinen getrockneten Weinbeeren, die von Norddeutschland aus gemeinsprachlich wurde (mittelniederdeutsch *rosīn[e]*, mittelhochdeutsch *rosīn*), ist aus einer Mundartform von (alt)französisch *raisin* »Weintraube« (*raisin sec* »Rosine«) entlehnt. Dies geht auf lateinisch *racēmus* »Kamm der Traube; Weinbeere« zurück.

Rosmarin

Die Bezeichnung für den immergrünen, im Mittelmeergebiet beheimateten Strauch erscheint in deutschen Texten seit dem 15. Jahrhundert. Lateinisch *rōs marīnus* »Rosmarin« bedeutet eigentlich »Meertau« (zu lateinisch *marīnus* »das Meer, die See« betreffend, vergleiche *Marine*). Das Bezeichnungsmotiv ist aber unklar.

Rost

»Gitter (unter oder über dem Feuer); Grundbau (aus Pfählen und Balken)«: Das auf das deutsche und niederländische Sprachgebiet beschränkte Substantiv mittelhochdeutsch, althochdeutsch *rōst* »Rost; Scheiterhaufen; Feuersbrunst, Glut«, mittelniederländisch *roost* »Rost; Ofenfeuer; Braten« ist unbekannter Herkunft. Die nordische Wortgruppe um schwedisch *rost* »Rost« stammt aus dem Mittelniederdeutschen. ♦ Vom Substantiv abgeleitet ist das Verb **rösten** (mittelhochdeutsch *rœsten*, althochdeutsch *rōsten* »auf den Rost legen, braten, rösten«, vergleiche auch niederländisch *roosten* »rösten«). Aus einer altfränkischen Entsprechung von althochdeutsch *rōsten* stammt altfranzösisch *rostir*, französisch *rôtir* »braten, rösten«, dazu französisch *rôtisserie* »Fleischbraterei; (Grill)restaurant«, vergleiche **Rotisserie.** Aus dem Altfranzösischen wiederum stammt englisch *to roast* »braten, rösten«, dazu *roast beef* »Rinderbraten«, vergleiche **Roastbeef** »Rostbraten, Rinderbraten auf englische Art«.

Roulade

Die Bezeichnung für »gefüllte Fleischrolle« wurde gegen Ende des 18. Jahrhundert aus gleichbedeutend französisch *roulade* entlehnt. Dies ist eine Bildung zu französisch *rouler* »rollen«.

Rum

»Edelbranntwein aus Rohrzuckermelasse oder auch Zuckerrohrsaft«: Die Bezeichnung des alkoholischen Getränks wurde Anfang des 18. Jahrhunderts aus gleichbedeutend englisch *rum* entlehnt, das gekürzt ist aus älterem *rumbullion*. Zugrunde liegt wohl – entsprechend der Herkunft des Getränks – ein malayisches Wort *bram, brum* »aromatisches alkoholisches Getränk«.

Rumpsteak

»(kurz gebratene) Scheibe aus dem Rückenstück eines Rindes«: Die Bezeichnung wurde im 19. Jahrhundert aus gleichbedeutend englisch *rump steak* entlehnt. Dessen Bestimmungswort englisch *rump* »Hinterteil, Kreuz; Lende«, das aus dem Nordischen stammt, ist verwandt mit deutsch *Rumpf*. Über das Grundwort vergleiche ☞ Steak.

—‹‹‹ ? ›››—

Sahne

Das erst seit dem 15. Jahrhundert zunächst mitteldeutsch und niederdeutsch bezeugte Substantiv stammt wahrscheinlich aus dem Niederländischen (vergleiche mittelniederländisch *sāne*, südniederländisch *zaan*) und wurde vermutlich schon im 12. Jahrhundert von den niederländischen Siedlern in der Mark Brandenburg übernommen. Zugrunde liegt altfranzösisch *saime* »Rahm«, das vermutlich aus dem Keltischen entlehnt ist. ♦ Ableitung: **sahnig** (19. Jahrhundert), **absahnen** »Rahm abschöpfen« (18. Jahrhundert), »sich geschickt aneignen« (20. Jahrhundert).

Salami

Die Bezeichnung für eine luftgetrocknete, kräftig gewürzte Dauerwurst wurde im 16. Jahrhundert aus italienisch *salame* »Salzfleisch; Schlackwurst« entlehnt, das auf einer Bildung zu lateinisch *sal* (▸ italienisch *sale*) »Salz« beruht.

Salat

Das seit spätmittelhochdeutscher Zeit bezeugte Substantiv ist aus einer älteren Mundartform *salata* von italienisch *insalata* »eingesalzene, gewürzte Speise; Salat« entlehnt, einer Bildung zu italienisch *insalare* »einsalzen«. Das zugrunde liegende einfache Verb italienisch *salare* (= französisch *saler*, spanisch *salar*) »salzen« beruht auf vulgärlateinisch **salare* »salzen, in Salz einlegen«, das für gleichbedeutend lateinisch *sal(l)īre, sallere* steht (Stammwort lateinisch *sal* »Salz«). ♦ Gleicher Herkunft (aus dem Italienischen) wie deutsch *Salat* sind auch gleichbedeutend französisch *salade* und spanisch *ensalada*.

Salz

Das gemeingermanische Wort mittelhochdeutsch, althochdeutsch *salz*, gotisch *salt*, englisch *salt*, schwedisch *salt*, das im Ablaut zu dem unter ☞ Sülze (ursprünglich »Salzbrühe«) behandelten Substantiv steht, beruht mit verwandten Wörtern in den meisten anderen indogermanischen Sprachen auf indogermanisch **sal-* »Salz«. Vergleiche zum Beispiel griechisch *hals* »Salz« (vergleiche **Halogen** »Salz bildender chemischer Grundstoff«, dazu **Halogenlampe** »sehr helle Glühlampe mit einer Füllung aus Edelgas und einer geringen Beimischung von Halogen«), lateinisch *sāl* »Salz« (☞ Salami, ☞ Salat, ☞ Soße) und die baltoslawische Wortgruppe um russisch *sol'* »Salz«. Indogermanisch **sal-* »Salz« ist eigentlich ein substantiviertes Adjektiv mit der Bedeutung »grau«, vergleiche zum Beispiel althochdeutsch *salo* »trübe, schmutzig grau«, altenglisch *salu* »dunkel, schwärzlich«, altisländisch *sǫlr* »schmutzig; bleich« und russisch *solovyj* »gelblich grau«. Das Salz, das in alter Zeit ungereinigt in den Handel kam, ist also als das »Graue« benannt. ♦ Das Wort *Salz* spielte früher auch eine bedeutende Rolle in der

Namensgebung, zum Beispiel in dem Flussnamen *Salzach* und den Ortsnamen *Salzburg, Salzwedel, Salzgitter,* vergleiche auch den Ortsnamen *Selters* (früher *Salt[a]rissa*), daher, nach dem Herkunftsort benannt, **Selterswasser,** gekürzt **Selters** (heute auch für Wasser, dem Mineralstoffe und Kohlensäure zugesetzt worden sind).

Sandwich

Die im 19. Jahrhundert aus gleichbedeutend englisch *sandwich* entlehnte Bezeichnung für eine mit Butter bestrichene, mit kaltem Fleisch, Käse, Salat oder Ähnlichem belegte (Weiß)brotscheibe oder Brötchenhälfte geht zurück auf J. MONTAGUE, den 4. EARL OF SANDWICH (1718–1792), dessen Spielleidenschaft so weit ging, dass er sich am Spieltisch reichhaltig belegte Weißbrotschnitten servieren ließ, damit er das Spiel nicht zur Einnahme zeitraubender warmer Mahlzeiten unterbrechen musste.

sauer

Das gemeingermanische Adjektiv mittelhochdeutsch, althochdeutsch *sūr*, niederländisch *zuur*, englisch *sour*, schwedisch *sur* ist verwandt mit der baltischen Wortgruppe um litauisch *sū̃ras* »salzig« und mit der slawischen Gruppe um russisch *syroj* »feucht; roh; sauer«. Vielleicht liegt dem Adjektiv germanisch **sura-* »sauer, salzig; feucht« zugrunde, das sich wohl auf die bei der Milchgerinnung entstehende Säure bezog. Das Adjektiv könnte dann ursprünglich den säuerlich-salzigen Geschmack so gewonnener Milchprodukte bezeichnet haben (vergleiche auch litauisch *sūris* »gesalzener Käse«, altkirchenslawisch *syrŭ* »sauer«, russisch *syr* »Käse«). ♦ Der alte Sinn des Wortes war umfassender als heute, wo *sauer* Gegenwort zu *süß* ist.

saufen

Das gemeingermanische Verb mittelhochdeutsch *sūfen*, althochdeutsch *sūfan*, niederländisch *zuipen*, englisch *to sup*, schwedisch *supa* gehört mit verwandten Wörtern in anderen indogermanischen Sprachen zu der vielfach weitergebildeten und erweiterten indogermanischen Wurzel **seu-*, **seu̯ə-* »schlürfen; saugen; ausquetschen«, vergleiche zum Beispiel altindisch *sunṓti* »presst aus, keltert«, *sṓma-* »Opfertrank, Soma«, *sū́pa-* »Brühe; Suppe«, lateinisch *sūgĕre* »saugen«, *sūcus* »Saft«, litauisch *sulà* »Birkensaft, abfließender Baumsaft«. Aus dem germanischen Sprachraum gehören zu dieser Wurzel auch die unter ☞Suppe behandelten Wörter, ferner zum Beispiel althochdeutsch *sou* »Saft«, altenglisch *sēaw* »Saft, Feuchtigkeit« und mittelhochdeutsch, althochdeutsch sol »Schlamm, Pfütze«, althochdeutsch *sullen*, mittelhochdeutsch *süln*, *suln* »sich im Schmutz wälzen, sich beschmutzen«, neuhochdeutsch *suhlen*, sich (mundartlich auch *sühlen*, *sielen*) »sich im Schmutz wälzen, sich in einer Suhle wälzen (vom Wild)«. Im heutigen Sprachgebrauch bezieht sich *saufen* auf das Aufnehmen von Flüssigkeit bei Tieren und auf das unmäßige oder gewohnheitsmäßige Trinken bei Menschen.

satt

Das gemeingermanische Adjektiv mittelhochdeutsch, althochdeutsch *sat*, gotisch *saþs*, altenglisch *sæd* (englisch *sad* »beschwert, betrübt, traurig«) geht zurück auf eine Partizipialbildung zu der indogermanischen Verbalwurzel **sā-*, **sə-* »sättigen« und bedeutet demnach eigentlich »gesättigt«. In anderen indogermanischen Sprachen sind zum Beispiel verwandt altindisch *asinvá-* »unersättlich«, griechisch *áatos* (aus **n̥-sə-tos*) »unersättlich«, lateinisch *satur* »satt«, lateinisch *satis* »genug, hinreichend« und litauisch *sotùs* »satt; reichlich; nahrhaft«.

Schalotte

Die Bezeichnung für das Zwiebelgewächs, das eingedeutscht als *Aschlauch* erscheint (mittelhochdeutsch *aschlouch*, althochdeutsch *asclouh*), wurde im 17. Jahrhundert aus französisch *échalotte*, nach altfranzösisch *eschalogne*, entlehnt. Diese geht auf vulgärlateinisch **scalonia*, lateinisch *(cēpa) ascalōnia*, also »Zwiebel aus Ascalon« zurück. *Ascalōn*, griechisch *Askálon* ist das biblische Palästina.

Schaschlik

Die Bezeichnung für »am Spieß gebratene Fleischstückchen« wurde im 20. Jahrhundert aus russisch *šašlyk* entlehnt, das seinerseits aus dem Turkotatarischen (krimtatarisch *šiš* »Bratenspieß«) stammt.

Schellfisch

Mittelniederdeutsch *schellevisch* (entsprechend niederländisch *schelvis*) wurde im 16. Jahrhundert ins Hochdeutsche übernommen. Der Nordseefisch erhielt die Bezeichnung nach seinem muschelig blätternden Fleisch (zu mittelniederdeutsch *schelle* »Hülse, Schale«).

Schlehe

Die Frucht des Schwarzdorns gehört zu den wenigen Obstsorten, die ihre gemeingermanische Bezeichnung im Deutschen bewahrt haben. Mittelhochdeutsch *slēhe*, althochdeutsch *slēha, slēwa*, niederländisch *slee*, englisch *sloe*, schwedisch *slån* beruhen mit verwandten außergermanischen Wörtern, wie zum

Beispiel russisch *sliva* »Pflaume« (vergleiche den aus dem Slawischen übernommenen Branntwein *Slibowitz, Sliwowitz,* 19. Jahrhundert), auf einer indogermanischen Wurzel **(s)lī-* »bläulich«, die auch in lateinisch *līvere* »bläulich sein« und in altirisch *lī* »Farbe« (eigentlich »Bläue«) erscheint. Die Schlehenfrucht ist also nach ihrer blauen Farbe bezeichnet.

schlemmen

»besonders gut und reichlich essen und trinken«: Das frühneuhochdeutsche Verb *slemmen* »(ver)prassen« (15. Jahrhundert) ist eine Umbildung (mp ▸ mm) des gleichbedeutenden lautmalenden spätmittelhochdeutschen *slampen* »schmatzen, schlürfen«.

Schmalz

Als Substantivbildung zu dem unter *schmelzen* behandelten Verb bezeichnen mittelhochdeutsch, althochdeutsch *smalz,* niederländisch *smout* (neben ablautendem altenglischem *smolt,* älter schwedisch, norwegisch *smult*) zerlassenes tierisches Fett, ursprünglich ohne Einschränkung auf eine bestimmte Art. Norddeutsch gilt das Wort heute nur für Schweine- und Gänseschmalz. Vergleiche auch **Ohrenschmalz** »schmalzähnliches Sekret im äußeren Gehörgang« (spätmittelhochdeutsch *ōrsmalz*).

Schmant

Die landschaftliche, besonders westmitteldeutsche Bezeichnung für die Fettschicht auf der Milch (siehe auch ☞ Rahm und ☞ Sahne) ist erst seit dem 15. Jahrhundert (frühneuhochdeutsch *smant,* mittelniederdeutsch *smand*) belegt. Wahrscheinlich geht sie mit den Adjektiven altsächsisch *smōđi* »sanftmütig«, altenglisch *smōđ* »weich, sanft«, englisch *smooth* »glatt« auf westgermanisch **smanþi* »weich« zurück. Erstaunlich ist aber die lautliche und semantische Nähe zu tschechisch *smetana* »Milchrahm«, auf das die Bezeichnung für den *Schmetterling* und ostmitteldeutsch *Schmelten* »Rahm« zurückgehen.

schmausen

»vergnügt und mit Genuss essen«: Das Verb taucht mit seinem Substantiv **Schmaus** erst im 17. Jahrhundert auf. Es war bis ins 18. Jahrhundert ein Lieblingswort der Studenten, bei denen **Schmaus** ein reichhaltiges, gutes Essen bezeichnete. Ursprünglich meint **schmausen** aber wohl »unsauber essen und trinken«. Es ist verwandt mit älter niederländisch *smuisteren* »beschmieren; schmausen«; daneben stehen mittelniederdeutsch *smudden* »schmutzen« (zum Beispiel in umgangssprachlich **schmuddelig** »unsauber [im Essen]«) und gleichbedeutend niederländisch landschaftlich *smodderen*, das früher ebenfalls »schmausen« bedeutete.

schmecken

Das Verb mittelhochdeutsch *smecken* »kosten, wahrnehmen; riechen, duften« ist in neuhochdeutscher Schriftsprache auf den eigentlichen Geschmackssinn begrenzt worden. Im Althochdeutschen stand transitives *smecken* »Geschmack empfinden« neben intransitivem *smakkēn* »Geschmack von sich geben«. Dazu das Substantiv mittelhochdeutsch, althochdeutsch *smac* (neuhochdeutsch ☞Geschmack) mit der Ableitung **schmackhaft** (mittelhochdeutsch *smachaft* »wohlschmeckend, -riechend«). Die Wortgruppe, zu der noch zum Beispiel altenglisch *smæccen* »schmecken« und englisch *smack* »Geschmack« gehören, geht zurück auf die indogermanische Wurzel **smeg(h)-* »schmecken«, die sonst nur im Litauischen erscheint; vergleiche litauisch *smagùris* »Zeige-, Leckfinger«, *smaguriáuti* »naschen«.

schmoren

Das westgermanische Verb niederdeutsch, mittelniederdeutsch, niederländisch *smoren*, altenglisch *smorian* (verwandt mit englisch *smother* »Dampf, Qualm«) bedeutete ursprünglich »ersticken«, hat aber im Niederländischen und Mittelniederdeutschen daneben die Bedeutung »im bedeckten Gefäß unter Dampf gar machen« entwickelt. In diesem Sinn wurde es im 17. Jahrhundert als Küchenwort ins Hochdeutsche aufgenommen und gilt seitdem besonders norddeutsch (gegenüber süddeutsch *dämpfen*, *dünsten*). Außergermanisch vergleicht sich mittelirisch *smāl*, *smōl* »Feuer, Glut, Asche«, russisch (älter) *smálit'* »absengen«.

Schnaps

Das ursprünglich norddeutsche Wort (niederdeutsch *Snap[p]s*) ist seit dem 18. Jahrhundert die Bezeichnung für Branntwein, ursprünglich aber für einen Schluck. Es ist eine Substantivbildung zu *schnappen*. ♦ Zusammensetzungen: **Schnapsidee** »seltsamer Einfall, verrückte Idee« (20. Jahrhundert; ein Einfall, der nur durch zu reichlichen Alkoholgenuss bedingt sein kann); **Schnapszahl** »Zahl, die aus mehreren gleichen Ziffern besteht« (20. Jahrhundert; wohl nach der Vorstellung, dass ein Betrunkener beim Lesen Ziffern doppelt oder mehrfach sieht).

Schokolade

Das in deutschen Texten seit dem 17. Jahrhundert bezeugte Substantiv stammt aus dem Nahuatl, einer mittelamerikanischen Indianersprache, die von den Azteken in Mexiko gesprochen wurde. Die Spanier brachten das mexikanische Wort *chocolatl*, das eine Art Kakaotrank bezeichnet, nach Europa (spanisch *chocolate*) und vermittelten es den anderen europäischen Sprachen; vergleiche dazu auch entsprechend französisch *chocolat*, englisch *chocolate* und niederländisch *chocolade* (älter auch: *chocolate*). Das Deutsche hat das Wort wahrscheinlich aus dem Niederländischen entlehnt.

Schorle

(gekürzt aus: Schorlemorle) Die seit dem 18. Jahrhundert zuerst als **Schurlemurle** in Niederbayern bezeugte Bezeichnung für ein Mischgetränk aus Wein und Mineralwasser ist unsicherer Herkunft. Das Wort ist vielleicht eine sprachspielerische Bildung wie die schon für das 16. Jahrhundert bezeugten Bezeichnungen für Bier *scormorrium* in Münster und *Murlepuff* in Straßburg. Ausgangspunkt könnte persisch *shôr* »Gemisch« sein, das über slawische Vermittlung ins Deutsche gelangte.

Schwips

(umgangssprachlich für:) »leichter Rausch«: Das Wort erscheint zuerst österreichisch im 19. Jahrhundert. Es gehört zu mundartlich *schwippen* »leicht hin und her schwanken« (eigentlich von Flüssigkeiten, vergleiche dazu die Interjektion *schwipp*, die lautnachahmenden Ursprungs ist).

Sekt

»Schaumwein«: Der früheste Beleg des Wortes in deutschen Texten stammt aus dem Jahr 1647. Es erscheint hier in der ursprünglichen Form *Seck* und bezeichnet eine Art süßen Likörwein. Die Form *Sekt* mit unorganischem -t ist jünger (zuerst 1663 *Sect*). Ausgangspunkt ist italienisch *vino secco* »trockener

Wein« (zu lateinisch *siccus* »trocken«), das ursprünglich einen süßen, schweren, aus Trockenbeeren gekelterten Wein bezeichnete. Über entsprechend französisch *vin sec* gelangte diese Bezeichnung als Kurzform in andere europäische Sprachen: deutsch *Seck, Sekt,* niederländisch *sek,* schwedisch *seck* und englisch *sack.* Der Bedeutungswandel von »süßer Trockenbeerwein« zu »Schaumwein« (etwa um 1830) geht wahrscheinlich von einer Episode in der Weinstube von *Lutter und Wegner* in Berlin aus, in der sich der Schauspieler L. DEVRIENT, indem er die Rolle des Falstaff aus Shakespeares *König Heinrich IV.* weiterspielte, mit den Worten *a cup of sack* ein Glas Champagner bestellt haben soll.

Semmel

Lateinisch *simila* »fein gemahlenes Weizenmehl« wurde früh ins Deutsche entlehnt (mittelhochdeutsch *semel[e],* althochdeutsch *semala*). Im Mittelhochdeutschen entwickelte sich dann die Bedeutung »Brot aus Weizenmehl; Brötchen«. Diese Bezeichnung für das norddeutsche und mitteldeutsche Brötchen wird heute vor allem im Bayrischen und Österreichischen sowie teilweise auch im Ostmitteldeutschen gebraucht.

Senf

Als *Senf* werden zunächst verschiedene, zu den Kreuzblütlern gehörende Futter-, Gewürz- und Ölpflanzen bezeichnet. Im speziellen Sinn bezeichnet das Wort ein scharfes, breiiges, aus den zerriebenen Samenkörnern des sogenannten **weißen Senfs** mit Weinessig oder Most bereitetes Gewürz, den **Tafelsenf** oder **Mostrich** (☞Most). Die Zubereitung von Tafelsenf lernten die Germanen von den Römern kennen und übernahmen von diesen auch die Bezeichnung; althochdeutsch *senef,* mittelhochdeutsch *sen(e)f*, altsächsisch *senap*, altenglisch *senap*, *senep* gehen zurück auf lateinisch sinapi »Senf«, das seinerseits Lehnwort aus gleichbedeutend griechisch *sínapi* ist. Das Wort ist vielleicht ägyptischen Ursprungs.

Service

»zusammengehörendes Tafelgeschirr«: Die Bezeichnung wurde im 17. Jahrhundert aus gleichbedeutend französisch *service* entlehnt. Das französische Wort bedeutet, entsprechend seiner Herkunft aus lateinisch *servitium* »Sklavendienst« (zu lateinisch *servīre* »dienen«, siehe ☞servieren), eigentlich »Dienst, Dienstleistung, Bedienung«. Erst durch Rückanlehnung an das Stammwort französisch *servir* »dienen; aufwarten; die Speisen auftragen, servieren« entwickelte es die sekundäre Bedeutung »Tafelgeschirr (in dem serviert wird)«. ♦ Die Grundbedeutung des französischen Wortes ist uns noch fassbar in **Service** »Kundendienst, Kundenbetreuung« (20. Jahrhundert), das mit Beibehaltung der Aussprache aus dem Englischen entlehnt ist (englisch *service* stammt seinerseits aus dem Altfranzösischen).

servieren

»bei Tisch bedienen, Speisen und Getränke auftragen«: Das im 16. Jahrhundert aus gleichbedeutend französisch *servir* (eigentlich allgemein »dienen«) entlehnte Verb geht auf lateinisch *servīre* »Sklave sein; dienen« zurück. Stammwort ist lateinisch *servus* »Sklave, Diener«. ♦ Zu lateinisch *servīre* oder französisch *servir* gehören auch ☞Service, ☞Serviette und ☞Dessert.

Serviette

Die Bezeichnung für »Mundtuch« wurde im 16. Jahrhundert aus gleichbedeutend französisch *serviette* entlehnt. Das französische Substantiv ist von französisch *servir* »dienen; aufwarten, die Speisen auftragen, servieren« abgeleitet (vergleiche dazu ☞ servieren), bedeutete also ursprünglich etwa »Gegenstand, der beim Servieren benötigt wird«.

Sirup

Das seit mittelhochdeutscher Zeit belegte Wort (mittelhochdeutsch *sirup, syrop*) mit der Bedeutung »eingedickter brauner Zuckerrübenauszug; dickflüssiger Fruchtsaft« galt zuerst im Bereich der Medizin und Pharmazie als Bezeichnung für einen schwerflüssigen, süßen Heiltrank. Quelle des Substantivs ist arabisch *šarāb* »Trank«, das den europäischen Sprachen durch mittellateinisch *siropus, sirupus* vermittelt wurde (vergleiche zum Beispiel gleichbedeutend französisch *sirop*, italienisch *s[c]iroppo*). Unmittelbar aus dem Arabischen stammt entsprechend spanisch *jarope*.

Snack

Das Substantiv mit der Bedeutung »Imbiss, kleine Mahlzeit, Zwischenmahlzeit« wurde um die Mitte des 20. Jahrhunderts aus gleichbedeutend englisch *snack* entlehnt. Dies ist eine Ableitung zum Verb *to snack* »schnappen, beißen«, das mit mittelniederländisch *snac, snak* und westflämisch *snak* verwandt ist.

Soße

»Brühe, Tunke«, insbesondere fachsprachlich in der französischen Schreibung **Sauce:** Das aus dem Französischen entlehnte Wort ist im deutschen Sprachraum bereits für das 15. Jahrhundert mit den Formen *soß, sosse, so(o)s, soes* bezeugt. Französisch *sauce* (älter *sausse*) »Tunke, Brühe« geht auf vulgärlateinisch *salsa* zurück (daraus, unabhängig vom Französischen, mittelhochdeutsch *salse* »Brühe«), das im Grunde genommen nichts anderes bedeutet als »die Gesalzene (nämlich: Brühe)«. Es handelt sich um das substantivierte Femininum von lateinisch *salsus* »gesalzen«.

Spanferkel

In der nur deutschen und niederländischen Bezeichnung des jungen, noch saugenden Ferkels (mitteldeutsch im 15. Jahrhundert *spenferkel*, mittelhochdeutsch *spenvarch*, *spünne verkelīn*, althochdeutsch *spen-*, *spunnifarah*, niederländisch *speenvarken*; siehe auch *Ferkel*) lebt eine sonst im Deutschen untergegangene gemeingermanische Bezeichnung der Zitze fort: mittelhochdeutsch *spen*, *spünne*, althochdeutsch *spunni* »Mutterbrust, Muttermilch«, niederländisch *speen* »Zitze; Schnuller«, altenglisch *spane* »Mutterbrust«, schwedisch *spene* »Zitze«. Diese Wörter gehen mit gleichbedeutend altirisch *sine* und litauisch *spenỹs* auf indogermanisch **speno-* »Zitze« zurück.

Spaghetti

Die Bezeichnung der stäbchenförmigen Teigware wurde im 20. Jahrhundert aus dem Italienischen übernommen. Gleichbedeutend italienisch *spaghetti* gehört als Verkleinerungsbildung zu italienisch *spago* »dünne Schnur«, dessen weitere Herkunft unbekannt ist.

Spargel

Die Bezeichnung der Gemüsepflanze wurde im 15. Jahrhundert (spätmittelhochdeutsch *sparger*, frühneuhochdeutsch *spargen*, *sparg[e]*, *spargel*) durch romanische Vermittlung (vergleiche italienisch *sparagio*, älter *sparago*, französisch *asperge*, altfranzösisch *sparge*, mittellateinisch *sparagus*) aus gleichbedeutend lateinisch *asparagus* entlehnt, das seinerseits Lehnwort aus griechisch *asp(h)áragos* »Spargel; junger Trieb« ist. Vergleiche awestisch *sparəya-* »Spross«.

Speck

Das gemeingermanische Substantiv mittelhochdeutsch *spec*, althochdeutsch *spek*, niederländisch *spek*, altenglisch *spic*, altisländisch *spik* ist wahrscheinlich verwandt mit altindisch *sphik* »Hinterbacke, Hüfte« und gehört vielleicht im Sinne von »Dickes, Feistes« zu der indogermanischen Wortgruppe um *sparen*. Möglich ist auch der Anschluss an die s-losen Formen in lateinisch *pinguis* »fett«. Das Wort bezeichnet seit alters vor allem das feste Fett unter der Schwarte des Schweines.

Speise

Das Substantiv mittelhochdeutsch *spīse* »feste Nahrung, Kost, Lebensmittel; Lebensunterhalt«, althochdeutsch *spīsa* (entsprechend niederländisch *spijs*) wurde im klösterlichen Bereich aus mittellateinisch *spe(n)sa* »Ausgaben, Aufwand; Nahrung« entlehnt, das seinerseits lateinisch *expēnsa (pecūnia)* »Ausgabe, Aufwand« fortsetzt. Letzteres lieferte durch italienische Vermittlung *Spesen*.

Spekulatius

Die Herkunft der Bezeichnung für das flache, zu Figuren geformte Gebäck aus gewürztem Mürbeteig, die seit dem 18. Jahrhundert belegt ist, ist nicht sicher geklärt. Wahrscheinlich liegt, vermittelt durch ostfriesische und niederrheinische Formen, gleichbedeutend älter niederländisch *speculatie* zugrunde. Dessen Herkunft ist aber in dieser Bedeutung ebenfalls unklar.

Spinat

Die Heimat der Gemüsepflanze liegt im Orient, vermutlich in Persien. Die Araber brachten die Pflanze im 11. Jahrhundert mit der persisch-arabischen Bezeichnung (persisch *ispanāğ*, arabisch *isbānaẖ*) nach Spanien (hispanoarabisch *ispinăch*, spanisch *espinaca*). Von dort aus gelangte sie in die anderen europäischen Länder (vergleiche zum Beispiel französisch *épinard*, italienisch *spinace, spinacio*, niederländisch *spinazie*, englisch *spinach*). Die romanischen und germanischen Formen des Substantivs (im Deutschen zuerst im 12. Jahrhundert mittelhochdeutsch *spinât*) zeigen dabei lautlichen Anschluss an die Wortgruppe um lateinisch *spina* »Dorn« (wohl wegen der spitz auslaufenden Blätter der Pflanze).

Spirituosen

»alkoholische Getränke«: Das Substantiv ist eine Bildung des 18. Jahrhunderts (erst in der Form *Spirituosa*) nach dem Vorbild von gleichbedeutend französisch *spiritueux* (Plural) zu dem aus dem Französischen übernommenen und relatinisierten Adjektiv *spirituos* »Weingeist enthaltend« (französisch *spiritueux*), das heute nicht mehr gebräuchlich ist. Das französische Adjektiv beruht auf einer gelehrten Bildung zu dem Alchimistenwort *Spiritus* (lateinisch *spīritus* »Weingeist«).

Steak

Die Bezeichnung für »kurz gebratene Fleischscheibe«, häufig als Grundwort in Zusammensetzungen wie ☞ Rumpsteak, wurde erst im 19. Jahrhundert aus gleichbedeutend englisch *steak* entlehnt. Das englische Substantiv stammt aus altisländisch *steik* »Braten« (eigentlich wohl »an den Spieß gestecktes Fleisch«). Dies gehört seinerseits zu altisländisch *steikja*

»braten« (ursprünglich »an den Bratspieß stecken«), das mit deutsch *stechen* verwandt ist.

Stulle

Die norddeutsche, besonders berlinerische Bezeichnung der (bestrichenen) Brotschnitte (im 18. Jahrhundert *Butterstolle*; mundartlich immer mit -u-) könnte eine Nebenform der Gebäckbezeichnung *Stolle* (*Stollen*) sein oder aber auf verwandtes südniederländisch, ostfriesisch *stul* »Brocken, Klumpen, Torfstück« zurückgehen. Dies ist ein Wort, das wohl mit den flämischen Siedlern des Mittelalters nach Brandenburg gelangte. Die Grundbedeutung von *Stulle* wäre folglich »Brocken, derbes Stück Brot«.

Sultan

Der in dieser Form seit dem 16. Jahrhundert bezeugte Titel islamischer Herrscher ist aus arabisch *sulṭān* »Herrscher« (ursprünglich »Herrschaft«) entlehnt. In der Form *soldān* war das Wort schon im 13. Jahrhundert aus älter italienisch *soldano* »Sultan« übernommen worden. Die weibliche Form **Sultanin** gibt es seit der 1. Hälfte des 20. Jahrhunderts, vor allem im Kontext von Aufführungen und in der schönen Literatur. Zu **Sultan** gehört **Sultanine** als Bezeichnung für eine besonders große kernlose Rosinenart (Beginn des 20. Jahrhunderts). Diese große Rosinenart ist entweder als »sultanhaft, fürstlich« oder aber als »aus dem Reich des Sultans stammend« bezeichnet.

Sülze

»Fleisch oder Fisch in Gallert«: Das auf den deutschen und niederländischen Sprachraum beschränkte Wort (mittelhochdeutsch *sulz[e]*, mitteldeutsch *sülze*, althochdeutsch *sulza*

»Salzwasser, Gallert«, niederländisch *zult* »Sülze«) bedeutet eigentlich »Salzwasser, Sole« und steht im Ablaut zu dem unter ☞ Salz behandelten Wort.

Suppe ……………………………………………………

Das im Deutschen seit dem 14. Jahrhundert bezeugte Substantiv bezeichnete zunächst eine flüssige Speise mit Einlage oder eine eingetunkte Schnitte (vergleiche altenglisch *sopp* »eingeweichter Bissen«). Es steht neben Verben wie frühneuhochdeutsch *suppen, supfen,* mittelhochdeutsch *supfen* »schlürfen, trinken« und niederländisch *soppen,* altenglisch *soppian* »(etwas in eine Flüssigkeit) eintauchen«, die als Intensivbildungen zu dem unter ☞ saufen (eigentlich »schlürfen«) behandelten Verb gehören. Auf die Bedeutung des deutschen Wortes *Suppe* hat aber zweifellos auch französisch *soupe* »Fleischbrühe mit Brot, Suppe« eingewirkt, das selbst wieder aus dem Germanischen stammt (vergleiche dazu galloromanisch *supa* »mit Brühe übergossene Brotschnitte«, 6. Jahrhundert).

süß ……………………………………………………

Das gemeingermanische Adjektiv mittelhochdeutsch *süeʒe,* althochdeutsch *suoʒi,* niederländisch *zoet,* englisch *sweet,* schwedisch *söt* geht mit verwandten Wörtern in anderen indogermanischen Sprachen auf die indogermanische Wurzel **su̯ād-* »süß, wohlschmeckend« zurück, vergleiche lateinisch *suāvis* »lieblich, angenehm«, griechisch *hēdýs* »süß, erfreulich« und altindisch *svādú-* »süß, lieblich«, und bezeichnete wohl zunächst den Geschmack süßer Fruchtsäfte.

—‹‹‹ § ›››—

Tasse

Die Bezeichnung für ein Trinkgefäß mit Henkel wurde im 16. Jahrhundert aus gleichbedeutend italienisch *tazza* und französisch *tasse* entlehnt. Dies ist aus arabisch *ṭās(a)* »Schälchen« übernommen, das seinerseits aus persisch *ṭašt* »Becken; Schale« stammt.

Tee

Das seit dem 17. Jahrhundert bezeugte Wort stammt aus dem Chinesischen. Quelle ist ein südchinesisches *t'e* »Tee« neben hochchinesisch *chā*, das auch in andere westeuropäische Sprachen übernommen wurde (vergleiche zum Beispiel englisch *tea*, französisch *thé*, niederländisch *thee*, italienisch *tè*, neben portugiesisch *chá*, russisch *čaj*).

Teig

Das gemeingermanische Substantiv mittelhochdeutsch *teic*, althochdeutsch *teig*, gotisch *daigs*, englisch *dough*, schwedisch *deg* gehört mit verwandten Wörtern in anderen indogermanischen Sprachen zu der Wurzel **dheiĝh-* »Lehm kneten und damit arbeiten; Teig kneten«; vergleiche zum Beispiel lateinisch *fingere* »kneten, formen, bilden, gestalten; ersinnen, erdichten, vorgeben« (siehe *fingieren*), lateinisch *figūra* »Gebilde, Gestalt, Erscheinung« (siehe *Figur*), griechisch *teĩchos* »Mauer« und griechisch *toĩchos* »Wand«. Vergleiche auch das unter ☞ Laib behandelte englische *Lady* (eigentlich »Brotkneterin«).

Teller

Das seit dem 13. Jahrhundert bezeugte Substantiv (mittelhochdeutsch *tel[l]er, telier*) ist aus dem Romanischen entlehnt, vergleiche auch altfranzösisch *tailleor* »Vorlegeteller; Hackbrett« ▸ französisch *tailloir* »Hackbrett«, italienisch *tagliere* »Hackbrett, kleine Platte«. Die romanischen Wörter gehören im Sinne von »Vorlegeteller, auf dem das Fleisch für die Mahlzeiten zerlegt wird« zu den auf spätlateinisch *taliāre* »spalten; schneiden, zerlegen« beruhenden Verben französisch *tailler* »(zer)-schneiden, zerteilen« und gleichbedeutend italienisch *tagliare*.

Terrine

Die Bezeichnung für »(Suppen)schüssel« wurde im 18. Jahrhundert aus gleichbedeutend französisch *terrine* entlehnt, das aus altfranzösisch *terrin* »irden« substantiviert ist, also eigentlich »irdene Schüssel« bedeutet. Zugrunde liegt ein vulgärlateinisches Adjektiv **terrinus* »irden«, eine Ableitung von lateinisch *terra* »Erde« (vergleiche auch *Terrain*).

Thunfisch

Die Bezeichnung für den vom Aussterben bedrohten makrelenartigen Speisefisch, der in allen warmen und gemäßigten

Meeren vorkommt, ist aus lateinisch *thynnus, thunnus* entlehnt, das seinerseits aus griechisch *thýnnos* (Wort einer Mittelmeersprache, vergleiche auch hebräisch *tannīn* »großer Fisch«) stammt. Der Ausdruck erscheint in deutschen Texten zuerst im 16. Jahrhundert als *Thunnfisch* (mit dem verdeutlichenden Grundwort Fisch, ähnlich wie in *Walfisch*). Gleicher Herkunft sind in anderen europäischen Sprachen zum Beispiel entsprechend italienisch *tonno*, französisch *thon* und englisch *tunny*.

Thymian

Die Bezeichnung der in kleinen Sträuchern mit würzig riechenden Blättern wachsenden Heil- und Gewürzpflanze, mittelhochdeutsch *thimean, tymian*, frühmittelhochdeutsch *timiām*, beruht auf einer Entlehnung aus lateinisch *thymum*, das seinerseits Lehnwort aus griechisch *thýmon* ist. Das griechische Wort ist eine Bildung zum Verb *thýein* »ein Rauch-, Brandopfer darbringen« (ursprünglich »rauchen; räuchern«). Die Pflanze ist also nach ihrem starken Duft benannt. Griechisch *thýein* stellt sich zum Substantiv griechisch *thȳmós* »Geist, Mut, Sinn«, das ursprünglich »Rauch« bedeutete (urverwandt mit lateinisch *fumus* »Rauch«, vergleiche *Parfüm*, Bedeutungsentwicklung über »Rauch« zu »Hauch«, dann »Geist«). ♦ Auf die mittelhochdeutschen Formen hat wohl lateinisch *thȳmiāma* »Räucherwerk« eingewirkt, das seinerseits aus gleichbedeutend griechisch *thymíama* entlehnt ist, einer Ableitung von griechisch *thȳmós* in der ursprünglichen Bedeutung »Rauch«.

Toast

»geröstete Weißbrotschnitte; Trinkspruch«: Das in beiden Bedeutungen aus englisch *toast* entlehnte Substantiv erscheint in deutschen Texten im 18. Jahrhundert. Der Bedeutungswandel von »geröstete Brotschnitte« zu »Trinkspruch« erklärt sich wohl aus einer früher in England geübten Trinksitte, wonach derjenige, der einen Trinkspruch anbringen wollte, zuvor eine Scheibe geröstetes Brot in sein Glas eintauchte. ♦ Englisch *toast* gehört zum Verb englisch *to toast* »rösten«, das aus gleichbedeutend altfranzösisch *toster* stammt; dies beruht auf lateinisch *tōstus* »gedörrt, getrocknet«, dem Partizip Perfekt des mit deutsch *dürr* etymologisch verwandten Verbs lateinisch *torrēre* »dörren, trocknen«.

Tofu

»quarkähnlicher Käse aus Sojabohnenmilch«: In den 1980er-Jahren wurde das Substantiv aus japanisch *tōfu* entlehnt. Dieses geht zurück auf das gleichbedeutende chinesische Wort, wobei der erste Bestandteil *tō* »Bohne«, der zweite *fu* »Gärung, Gerinnung« bedeutet. Die weitere Herkunft ist unsicher.

Tomate

Die Bezeichnung der aus Mittelamerika eingeführten Kulturpflanze wurde Anfang des 17. Jahrhunderts über französisch *tomate* aus spanisch *tomate* entlehnt, das seinerseits aus gleichbedeutend *tomatl*, einem Wort aus dem Nahuatl, der Sprache der Azteken in Mexiko, stammt.

Torte

Die Bezeichnung des Feingebäcks wurde im 16. Jahrhundert aus gleichbedeutend italienisch *torta* entlehnt, das unter anderem mit entsprechend französisch *tourte* »Fleischtorte; Ölkuchen« und spanisch *torta* »Torte« auf spätlateinisch *torta* »rundes Brot, Brotgebäck« beruht.

tranchieren

»Fleisch und Geflügel kunstgerecht in Stücke schneiden, zerlegen«: Das Verb aus dem Bereich der Kochkunst wurde schon am Anfang des 17. Jahrhunderts aus französisch *trancher* »abschneiden, zerschneiden, zerlegen« entlehnt. Dies gehört wahrscheinlich zu lateinisch *truncāre* »abschneiden, stutzen, verstümmeln«.

trinken

Das gemeingermanische Verb mittelhochdeutsch *trinken*, althochdeutsch *trinkan*, englisch *to drink*, schwedisch *dricka* hat keine sicheren außergermanischen Beziehungen. Um das Verb gruppieren sich die Wörter *Trank, tränken, Trunk* und *trunken*. ♦ Ableitung: **Trinker** »jemand, der gewohnheitsmäßig große Mengen Alkohol trinkt« (mittelhochdeutsch *trinker*, althochdeutsch *trinkāri*). ♦ Zusammensetzungen: **Trinkgeld** »kleines Geldgeschenk für Dienstleistungen« (14. Jahrhundert; eigentlich zum Vertrinken bestimmt); Präfixbildungen: **betrinken,** sich »zu viel Alkohol trinken« (seit dem 18. Jahrhundert), dazu das adjektivisch gebrauchte Partizip Perfekt **betrunken** »stark berauscht«.

Trüffel

Die seit dem 18. Jahrhundert bezeugte Bezeichnung des zu den Schlauchpilzen gehörenden essbaren Erdschwamms ist aus einer Nebenform *truffle* von gleichbedeutend französisch *truffe* entlehnt. Das französische Wort geht durch italienische oder altprovenzalische Vermittlung auf vulgärlateinisch *tufera* zurück, das auf einer italischen Dialektform (oskisch-umbrisch) **tūfer* von klassisch-lateinisch *tuber* »Höcker, Beule, Geschwulst; Wurzelknollen; Erdschwamm, Trüffel« beruht. Die Trüffel ist also nach ihrem unterirdischen, knollenartigen (kartoffelförmigen) Fruchtkörper bezeichnet. ♦ Siehe auch ☞ Kartoffel.

Truthahn

Die seit dem 17. Jahrhundert bezeugte Bezeichnung für den Puter, der im 16. Jahrhundert aus Amerika eingeführt wurde, enthält als ersten Bestandteil ein Verb, das sich in mittelniederdeutsch *droten* »drohen«, altenglisch *þrūtian* »vor Zorn oder Stolz schwellen«, altisländisch *þrútna* »schwellen« erhalten hat. Das Bezeichnungsmotiv ist die charakteristische Drohgebärde des Hahns.

—‹‹‹ † ›››—

Vanille

Die im tropischen Amerika heimische, auf Bäumen wachsende Orchideenpflanze wird nach ihren Fruchtschoten bezeichnet, die nach Fermentation ein wertvolles Gewürz liefern. Die seit dem ausgehenden 17. Jahrhundert (zuerst als *Vanilla*) bezeugte Bezeichnung beruht wie gleichbedeutend französisch *vanille*, das die Form des Wortes beeinflusst hat, auf Entlehnung aus gleichbedeutend spanisch *vainilla*. Das spanische Substantiv bedeutet eigentlich »kleine Scheide; kleine Schote«. Es ist eine Verkleinerungsbildung zu spanisch *vaina* »Scheide; (Samen)-hülse; Schote«, das aus lateinisch *vāgīna* »Scheide; Schwertscheide; Ährenhülse« stammt, aus dem auch **Vagina** »weibliche Scheide« entlehnt ist.

Vegetarier

»jemand, der sich (ausschließlich) von pflanzlicher Kost ernährt«: Die zu Beginn des 20. Jahrhunderts aufgekommene Form *Vegetarier* ist aus älterem *Vegetarianer* gekürzt, das im

19. Jahrhundert aus gleichbedeutend englisch *vegetarian* entlehnt worden ist. Dies ist eine Bildung zu englisch *vegetable* »pflanzlich« (◂ lateinisch *vegetabilis* »belebend« zu lateinisch *vegetare* »beleben«, vergleiche *Vegetation*). ♦ Dazu **vegetarisch** und als Bezeichnung für den strengen Vegetarismus, der auch den Verzehr von Eiern und Milchprodukten ablehnt, im Englischen zunächst *total vegetarian,* woraus Mitte des 20. Jahrhunderts die Neuschöpfung *vegan*, gekürzt aus *vegetarian*, gebildet wurde, deutsch **vegan**.

Vesper

»Abendandacht, Abendgottesdienst«, in Süddeutschland und Österreich auch für »Zwischenmahlzeit (besonders am Nachmittag); Abendbrot«: Das Wort mittelhochdeutsch *vesper,* althochdeutsch *vespera* »die vorletzte kanonische Stunde (6 Uhr abends)« wurde im Bereich des Klosterwesens aus lateinisch-kirchenlateinisch *vespera* »Abend, Abendzeit; die Zeit von sechs Uhr abends« entlehnt. Dies ist urverwandt mit griechisch *hespéra* »Abend(zeit)« (vergleiche dazu *Westen*).

Vitamin

Die Bezeichnung für den die biologischen Vorgänge im Organismus regulierenden, lebenswichtigen, vorwiegend in Pflanzen gebildeten Wirkstoff wurde zu Beginn des 20. Jahrhunderts aus gleichbedeutend englisch-amerikanisch *vitamin* entlehnt. Dies ist eine gelehrte Bildung des Biochemikers CASIMIR FUNK (1884–1967) aus lateinisch *vīta* »Leben« und englisch *amin(e)* »organische Stickstoffverbindung, Amin«.

Waffel

Die Bezeichnung für ein flaches Gebäck mit wabenähnlichem Aussehen erscheint im 17. Jahrhundert im Hochdeutschen. Sie geht auf niederländisch *wafel* (mittelniederländisch *wāfel*) zurück. Das Substantiv bezeichnete sowohl das Gebäck als auch die Eisenplatte, mit der es gebacken wurde. Es gehört zu der indogermanischen Wurzel um *weben*. Das Wort bedeutete demnach ursprünglich »Gewebe, Geflecht«, dann »Wabe, Wabenförmiges«.

Walnuss

Das im Hochdeutschen seit dem 18. Jahrhundert bezeugte Wort stammt aus dem Niederdeutschen (vergleiche mittelniederdeutsch *walnut* »Walnuss«). Der erste Bestandteil der Zusammensetzung geht als Übersetzung von mittellateinisch *nux gallica* auf *welsch* (romanisch) zurück. Die Frucht, die aus der Romania zu uns kam, wurde deshalb auch bis ins 18. Jahrhundert als *welsche Nuss* bezeichnet.

Wein

Das gemeingermanische Substantiv mittelhochdeutsch, althochdeutsch *wīn*, gotisch *wein*, englisch *wine*, schwedisch *vin* ist aus lateinisch *vīnum* »Wein« entlehnt. Lateinisch *vīnum* stammt wahrscheinlich aus einer pontischen Sprache, vergleiche georgisch *ġwino* »Wein«. Der Pontus war die Heimat der Weinkultur. Die Germanen lernten die Weinkultur durch die Römer kennen.

Whisky

»aus Getreide (Roggen oder Gerste) oder Mais hergestellter Trinkbranntwein«: Die Bezeichnung des alkoholischen Getränks wurde im 18. Jahrhundert aus gleichbedeutend englisch *whisky* übernommen. Das englische Wort selbst steht als Kurzform für älter *whiskybae* (gälisch *uisge-beatha*) »Lebenswasser«. Es entspricht also in der Bildung der Bezeichnung ☞ Aquavit. Stammwort ist das mit deutsch *Wasser* verwandte Substantiv altirisch *uisce* »Wasser«.

Wirt

Mittelhochdeutsch, althochdeutsch *wirt* »Ehemann, Gebieter, Gastfreund, Gastwirt«, gotisch *waírdus* »Gastfreund«, niederländisch *waard* »(Gast)wirt« (vergleiche altisländisch *verđr* »Mahlzeit, Speise«) gehören wahrscheinlich zu der indogermanischen Wurzel **u̯er-* »Gunst, Freundlichkeit (erweisen)«. Eine Bildung zu *Wirt* ist *Wirtschaft*. ♦ Ableitungen: **bewirten** »einem Gast zu essen und zu trinken geben« (mittelhochdeutsch *bewirten*); **wirtlich** (mittelhochdeutsch *wirtlich* »einem Wirt angemessen«; in der heute veraltenden Bedeutung »gastlich, einladend« seit dem 17. Jahrhundert), dazu **unwirtlich** (18. Jahrhundert).

Wurst ....

Das nur auf das deutsche und niederländische Sprachgebiet beschränkte Wort (mittelhochdeutsch, althochdeutsch *wurst*, niederländisch *worst*) ist unsicherer Herkunft. Folgende drei Deutungen sind möglich: 1. **Wurst** gehört im Sinne von »etwas Gemischtes, Vermengtes« zur Wortgruppe um *wirren*; 2. **Wurst** gehört im Sinne von »etwas Gemachtes« zur Wortgruppe um *Werk*; 3. **Wurst** gehört im Sinne von »etwas Gedrehtes« zur Wortgruppe um *werden*.

Wurst ¶ es geht / jetzt geht es um die Wurst
(umgangssprachlich) »es geht um die Entscheidung, es ist jetzt wichtig, sich einzusetzen« ♦ Diese Wendung rührt daher, dass bei ländlichen Wettspielen früher häufig eine Wurst als Preis ausgesetzt war.

(jemandem) wurst/wurscht sein
(umgangssprachlich) »(jemandem) gleichgültig sein« ♦ Die Herkunft der Wendung ist trotz aller Deutungsversuche unklar. Am ehesten ist von der Vorstellung auszugehen, dass *Wurst* hier – im Gegensatz zum Braten – für etwas nicht besonders Wertvolles, etwas Alltägliches steht.

Zimt

Die Bezeichnung des Gewürzes (mittelhochdeutsch *zinemīn, zinment,* spätmittelhochdeutsch *zimet,* althochdeutsch *zi[na]-mīn, cinamon*) ist aus lateinisch *cinnamum* entlehnt, das selbst aus griechisch *kínnamon* übernommen ist. Das griechische Wort stammt aus dem Semitischen, vergleiche dazu hebräisch *qinnạmôn* »Zimt«. Dort wurde es wohl aus malaiisch *kayumanis* »Süßholz« entlehnt.

Zitrone

Die bereits seit dem 16. Jahrhundert bezeugte Bezeichnung für die Frucht des ursprünglich im indisch-malaiischen Gebiet heimischen Zitronenbaumes ist aus gleichbedeutend älter italienisch *citrone* (heute italienisch *limone,* ☞ Limonade) entlehnt. Das italienische Substantiv seinerseits beruht wie gleichbedeutend französisch *citron* auf einer Bildung zu lateinisch *citrus* »Zitronenbaum, Zitronatbaum«.

Zucker

Das Wort für die süß schmeckende Substanz in kristalliner Form wurde in mittelhochdeutscher Zeit (mittelhochdeutsch *zuker*) aus gleichbedeutend italienisch *zucchero* entlehnt, das seinerseits aus gleichbedeutend arabisch *sukkar* übernommen ist. Das arabische Wort stammt – wie griechisch *sákcharon* »Zucker« – aus altindisch *śárkarā* »Kieselsteine; gemahlener Zucker«.

Zwiebel

Die Pflanzenbezeichnung mittelhochdeutsch *zwibel, zwibolle,* althochdeutsch *zibollo, zwibolla, zibolla* ist durch romanische Vermittlung aus spätlateinisch *cēpulla* »Zwiebel« entlehnt. Dies beruht auf lateinisch *cēpula,* das eine Verkleinerungsbildung zu lateinisch *cēpa* »Zwiebel« ist. Das lateinische Wort selbst stammt aus einer unbekannten Sprache. ♦ Das deutsche Wort wurde wohl schon im Althochdeutschen volksetymologisch als *zwie-bolle* (zweifache Bolle; *Bolle* »runder Körper, Knolle«) gedeutet. Es bezeichnet auch den knollenförmig verdickten (unterirdischen) Spross der Zwiebelpflanze und anderer Pflanzen.

Bibliographisches Institut GmbH,

Mecklenburgische Straße 53, 14197 Berlin

*

Redaktion Iris Glahn

Herstellung Maike Häßler

Umschlaggestaltung, Layout und Satz Carsten Aermes

Illustrationen Julius Brodkorb

Druck und Bindung L.E.G.O. S.p.A., Vicenza

Printed in Italy

*

ISBN 978-3-411-74007-9

www.duden.de

PEFC/18-31-280

PEFC zertifiziert

Dieses Produkt stammt aus nachhaltig bewirtschafteten Wäldern und kontrollierten Quellen

www.pefc.de